DE LA

POLITIQUE DE L'AGRICULTURE

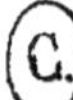

ESSAI

sur

LA POLITIQUE ET LA STATISTIQUE

DES DIFFÉRENTS SYSTÈMES

DE CULTURE

(D'APRÈS UN TRAVAIL DE M. ROSCHER, PROFESSEUR D'ÉCONOMIE POLITIQUE
A L'UNIVERSITÉ DE LEIPZIG),

PAR

M. L. WOLOWSKI,

Professeur de législation industrielle au Conservatoire des arts et métiers.

PARIS

TYPOGRAPHIE HENNUYER, RUE DU BOULEVARD, 7, BATIGNOLLES.
Boulevard extérieur de Paris.

1855

IMPERIAL
TIMBRE

REVUE DES RECUEILS ÉTRANGERS

CONSACRÉS

AUX ÉTUDES ÉCONOMIQUES.

ESSAI SUR LA POLITIQUE ET LA STATISTIQUE DES SYSTÈMES DE CULTURE,

Par M. G. ROSCHER, professeur à l'Université de Leipzig.

I.

L'universalité de la langue française constitue pour notre pays à la fois une force et une faiblesse. Sans doute, grâce à ce puissant véhicule, l'influence de nos idées se répand partout ; mais n'arrive-t-il pas aussi que nous ne tenons pas un compte suffisant des faits et des doctrines qui se font jour ailleurs ? Les études économiques nécessitent, au plus haut degré, les communications intellectuelles entre les peuples, car elles ont cela de commun avec les sciences naturelles, que leur champ d'exploration ne saurait être limité ; les nouveaux faits qui surgissent, les nouvelles observations qui se produisent, viennent sans cesse confirmer ou rectifier les enseignements de la théorie. A côté du petit nombre de vérités fondamentales, constatées par la science et basées sur les principes éternels de justice et de liberté, on rencontre l'immense variété des phénomènes qui relèvent de *l'application*, pour lesquels rien n'est absolu ni permanent, tout est, au contraire, relatif et successif.

L'économiste ne saurait se contenter des précieux enseignements de l'histoire, ni se borner à déduire du passé les lois, dans leur développement logique ; il lui faut suivre sans cesse d'un œil attentif la marche des faits et la formation des doctrines ; il ne peut jamais se reposer sur les observations déjà réunies, ni renoncer à une exploration incessante, car le tissu dont la science est faite reste éternellement sur le métier.

Pénétré de cette pensée, nous croyons entreprendre une œuvre utile, en employant les pages que la direction du *Journal des Économistes* veut bien nous réserver à une *Revue des recueils étrangers consacrés aux études économiques*. Il en est un grand nombre, qui sont spécialement voués à cette nature de travaux ; d'autres leur donnent une place accessoire, de plus en plus considérable. L'Angleterre, l'Italie, l'Allemagne surtout présentent, sous ce rapport, un riche champ à exploiter. Nous essayerons de tenir nos lecteurs au courant de ce mouvement scientifique, en étendant aussi nos explorations sur des publications presque entièrement ignorées jusqu'ici, faites en langues slaves.

Peut-être ce genre de labeur aura-t-il une autre utilité, à cause du génie particulier de notre langue. Un philosophe allemand disait que pour savoir si une idée était juste, il fallait commencer par la traduire en français : en effet, le nerf, la précision, la clarté de l'expression s'accommodent mal chez nous des notions vagues et des contours indéterminés. C'est grâce à cette lucidité unie à la force, que la langue française est devenue, de plus en plus, l'idiome souverain des peuples civilisés.

La nécessité de passer par ce creuset les idées émises dans d'autres pays n'aura-t-elle pas quelquefois l'avantage de les rendre plus nettes, et par conséquent de les faire contrôler plus facilement ?

Nous commencerons par diriger ces études du côté de l'Allemagne ; c'est là que nous rencontrons la matière la plus riche et la moins explorée.

Un des meilleurs recueils publiés de l'autre côté du Rhin, les *Archives d'économie politique et d'administration* (Archiv der politischen OEkonomie und Polizeiwissentchaft), dirigées par l'illustre vétéran de la science, M. Ch. Rau, professeur à Heidelberg, et par M. Hansenn, professeur à Gœttingue, ont récemment cessé de paraître, comme œuvre distincte, ses rédacteurs ayant résolu d'unir leurs efforts à ceux de M. le professeur Robert de Mohl, de Heidelberg, et des membres de la Faculté de Tubingue, qui ont fondé depuis dix ans une excellente revue, consacrée à l'ensemble des études économiques. (*Zeitschrift für die gesammte Staatswissenschaft.*)

Les *Archives d'économie politique* ont rendu à la science des services trop signalés pour que nous les passions sous silence. La collection de ce recueil forme quinze volumes (1835-1853), elle nous fournira un fécond sujet d'étude ; les travaux remarquables y abondent.

C'est là que des hommes distingués, qui depuis ont conquis une haute et légitime renommée, ont fait en quelque sorte leurs premières armes.

Celui dont les travaux sont jusqu'ici le moins connus en France, et méritent peut-être le plus de l'être, c'est M. Guillaume Roscher, professeur d'économie politique à l'Université de Leipzig.

M. Roscher occupe aujourd'hui une place éminente parmi les économistes allemands ; son *Programme d'un cours d'économie politique suivant la méthode historique* a ouvert la voie à d'importantes recherches, destinées à donner aux études économiques une direction analogue à celle que l'impulsion de Savigny et d'Eichhorn a imprimée à la jurisprudence. Tout récemment, M. Roscher a mis au jour son grand ouvrage intitulé : *Principes de l'économie politique ;* ce livre a dignement répondu aux promesses du *Programme* de Gœttingue [1].

Afin de faire connaître la manière et les tendances de cet écrivain, nous commencerons notre *Revue des recueils étrangers,* en présentant le résumé fidèle d'un travail étendu, publié par M. Roscher (*Archiv der politischen Œkonomie,* t. VIII de la collection, p. 158-235, p. 289-336, et t. IX, p. 1-42), sous le titre : *Essai sur la politique et la statistique des différents systèmes de culture.*

II.

Les considérations développées par l'auteur sont présentées au point de vue de l'*économie politique* et non à celui de l'*économie rurale,* dont il détermine le domaine distinct. La science administrative (*die Cameralwissenschaft*), ou l'*économie privée,* s'occupe de l'état actuel et du mode complet de développement des principales branches de la production nationale, de l'agriculture, de l'exploitation des mines, de l'industrie, du commerce, de la sylviculture, etc. De quelle manière une mine, une terre, une forêt, etc., donnent régulièrement le plus grand revenu, tel est l'objet de ses investigations. Elles sont, sans contredit, indispensables pour le législateur, le financier, l'administrateur, et la science administrative doit être envisagée, en ce qui concerne la théorie économique, comme une des études auxiliaires les plus importantes ; mais ce ne peut être qu'une étude auxiliaire ! L'économie politique n'a pas affaire tant aux choses qu'aux hommes, mis en contact avec celles-ci ; on pourrait la nommer l'étude des lois du développement économique des nations. Comment les différents peuples, à leurs différents âges, arrivent à pourvoir à leurs besoins matériels, et quelle influence ce mode de satisfaction exerce sur les lois, sur l'administration, et en général sur tous les éléments de la civilisation et réciproquement, tel est l'objet de la science. On ne saurait mentionner aucun fait humain qui n'ait son aspect économique. Le rapport qui existe entre la physiologie et la psychologie se reproduit presque en ce qui concerne l'économie publique, et la politique proprement dite. Sans doute le régime forestier perfectionné, tel qu'il sert de modèle aujourd'hui à l'Allemagne, nous intéresse beaucoup ; mais celui qui était usité il y a cinq siècles, et que la Russie conserve encore, ne nous intéresse pas moins. Nos lois, nos règles, doivent toujours être conçues de manière à ce qu'une modification dans la pratique ne les détruise point. La création des chemins de fer, par exemple, ouvre un champ nouveau aux études administratives, tandis que l'économiste appliquera aux chemins de fer, par rapport aux chaussées, à peu près les mêmes observations qu'aux chaussées par rapport aux routes

---

[1] Nous avons entrepris la traduction de ce travail, elle paraîtra bientôt dans la *Collection des Économistes contemporains,* éditée par M. Guillaumin.   (L. W.)

ordinaires, et aux routes par rapport aux voies que suivent les caravanes.

Commençons par relever les traits caractéristiques des divers systèmes appliqués à l'exploitation du sol.

Toute culture exige l'emploi d'un certain capital et d'une certaine quantité de travail ; les différents systèmes d'exploitation du sol se distinguent les uns des autres au point de vue économique, suivant que le travail et le capital qu'ils exigent sont plus ou moins considérables. On ne saurait donc les délimiter par une ligne nettement tracée, car ils se fondent les uns dans les autres, par des dégradations de nuances difficiles à préciser. Et si nous désignons sous le nom de systèmes *savants* ceux qui exigent un capital plus important et un travail plus intense, tandis que nous appelons les autres des systèmes *simples*, nous n'attacherons à ces dénominations aucune idée de blâme ou d'éloge.

Le plus simple de tous les systèmes de culture est pratiqué encore aujourd'hui en Russie et dans les défrichements de l'Amérique. Dans la Sibérie méridionale, on ne sème sur la steppe grasse, fraîchement remuée, les grains de sarrasin que vers le milieu de mai, afin d'échapper aux gelées de la nuit, en les espaçant de manière qu'on a l'air d'avoir voulu nourrir les oiseaux. A l'automne, la paille est brûlée sur place, le battage s'y fait également, et le grain qui se perd suffit pour les semailles de l'année suivante ; on se borne à le herser au printemps. De cette manière un ensemencement suffit pour cinq ou huit ans, et fournit des récoltes successives ; ce n'est que dans les mauvais terrains que le sol ne rapporte pas au delà de trois ou quatre ans, et qu'il a besoin d'être aidé au printemps, au moyen d'une sorte de semaille supplémentaire. Ailleurs, on sème deux ans de l'orge, deux ans de l'avoine, deux ans du seigle d'hiver et deux ans du seigle d'été. Le champ est-il épuisé, on se transporte sur un autre, car en présence d'une population clair-semée, ce qui manque le moins c'est le sol. On ne saurait songer à fumer ces terres, car dans beaucoup de contrées la végétation deviendrait trop active, et le blé partirait en herbe. On jette donc souvent les engrais à l'eau, ainsi que la paille, en dehors de celle employée pour couvrir les toits ou consommée par le bétail. Les paysans ne se décident à fumer les anciennes terres plutôt que d'en défricher de nouvelles, que là où se rencontrent des sapinières touffues et marécageuses. Dès que les premières neiges sont fondues et jusqu'au moment où l'hiver rend tout pacage impraticable, le bétail est abandonné à lui-même. En hiver, la nourriture qui lui est réservée est tellement misérable, que les pauvres animaux peuvent à peine se soutenir, et que trois chevaux ne font guère que la besogne d'été d'un seul.

En Amérique, dans les contrées nouvellement défrichées, on rencontre un système de culture analogue. Dans la Nouvelle-Angleterre, par exemple, à la fin du siècle dernier, on classait encore les terrains d'après l'essence du bois qui les couvrait spontanément. On désignait le meilleur sous le nom de terre de noyer ou de châtaignier ; celui de deuxième qualité, sous le nom de terre de chêne ou de hêtre, et celui de troisième, sous le nom de terre de pin; celui qui ne portait que des broussailles ou des buissons passait pour le plus mauvais, tout comme nous disons *terre à froment*, terre à *orge*, etc., et ces dénominations sont naturelles, là où domine le défrichement et la *culture par le feu* (l'écobuage). Quand on veut établir une nouvelle exploitation, on abat les arbres au mois de juin, et on les brûle au mois de mai suivant. Par un temps sec, le feu se propage au loin dans les bois voisins, et de fortes pluies peuvent seules l'éteindre. C'est ainsi qu'en mai 1780, la flamme dévora, dans le Newhampshire, une épaisse forêt d'une étendue de 43 milles géographiques, du nord au midi.

On attend les premières pluies, et après avoir remué la cendre avec la houe, on fait les semailles. Une charrue serait difficilement employée, à cause de la quantité des souches d'arbre.

L'abatage des arbres est un travail dispendieux, dans un pays où la main-d'œuvre est élevée; aussi les colons les plus pauvres se contentent-ils de dépouiller par le bas les arbres de leur écorce, ce qui les fait sécher.

On introduit une sorte de culture *alterne*, en laissant les arbres repousser, pour les livrer de nouveau à la flamme.

Les mauvaises herbes envahissent promptement les terrains ainsi exploités, en étouffant les plantes; c'est la plaie de la Sibérie comme de l'Amérique du Nord; au Brésil, on est souvent forcé de leur abandonner le sol, au bout de deux ou trois ans. Partout où la nature a une part prépondérante dans l'œuvre de la production, elle prend promptement sa revanche, et l'homme ne parvient point à la dompter.

Les contrées marécageuses du nord-ouest de l'Allemagne fournissent l'occasion, aussi facile qu'intéressante, de suivre de l'œil la transition de ces systèmes grossiers d'exploitation, à des systèmes plus avancés. Dans le voisinage du Weser et de l'Ems, la culture passe successivement par ces trois phases : elle commence par l'*écobuage*; on écroûte la couche superficielle du terrain avec une espèce de pioche recourbée en forme de houe (l'écobue), on sèche les végétaux ainsi enlevés, et puis on y met le feu, pour répandre sur la terre les produits de la combustion. On fait ensuite les semailles, et l'on herse le terrain; le sol peut être ainsi exploité de trois à cinq ans; moins il s'épuise et plus vite repoussent les broussailles. Il faut conserver cette espèce de *jachère* pendant une vingtaine d'années. On n'emploie point d'engrais, et l'on ne peut guère produire que du sarrasin. Les terrains oisifs ont une grande étendue, et ne sauraient généralement servir de pâturage.

Dans la seconde période, on commence à fumer le sol, ce qui suppose la possession de quelque peu de bétail, et l'on cultive le seigle. On arrive à cette transformation quand le sol végétal enfoui sous la tourbe, commence à se montrer par places; on élargit ces îlots à la bêche, et l'on arrive à y établir des prés. Dans la troisième période, la tourbe est complétement enlevée, ce qui nécessite une grande dépense de temps et d'argent. Il faut commencer par creuser un canal, pour faciliter l'écoulement des eaux, qui ne tarderaient pas à créer une nouvelle tourbière. Dès lors, tout s'enchaîne et marche à merveille. Le canal transporte la tourbe au marché ; on achète en échange du bétail, des instruments aratoires, etc., et l'on établit d'autant mieux une culture florissante que l'on dispose à volonté de l'élément indispensable de la fécondité du sol, de l'eau, dont on règle l'usage. On comprend aisément que la navigation, le transport, la pêche, le commerce, l'industrie se développent sur cette base. Popenburg en petit, et la majeure partie de la Hollande en grand, sont des exemples de ce qu'on peut obtenir, en prenant pour point de départ une canalisation bien dirigée ; mais il faut pour cela des avances considérables, qui ne peuvent devenir productives qu'à la longue.

Le système d'assolement triennal ou de pâturage perpétuel, s'élève beaucoup au-dessus de ces modes d'exploitation semi-nomades ; son trait caractéristique est la division du domaine en deux parties, employées d'une manière permanente, l'une, la plus rapprochée de l'habitation, à la culture, et l'autre au pâturage. D'ordinaire, un tiers de la première zone est consacré aux céréales d'hiver, un autre tiers aux céréales d'été, et le troisième reste en jachère.

Il est douteux que les Germains de Tacite aient, ainsi que le suppose Eichhorn, suivi ce système ; mais il était bien connu du temps de Charlemagne, et il a été généralement pratiqué dans l'Europe centrale jusqu'au milieu du dix-huitième siècle : il domine encore aujourd'hui dans la majeure partie de l'Allemagne, dans les régions du centre de la France, en Hongrie et dans les provinces mieux cultivées de la Russie. C'est pourquoi, dans beaucoup de villages, le paysan ne possède pas ses terres d'un seul tenant, mais divisées en trois zones.

Ce mode de culture suppose des habitations fixes, mais n'exige pas nécessairement une attribution absolue du droit de propriété privée. La constitution territoriale du moyen âge, époque à laquelle il régnait sans partage, part de l'idée que le possesseur du sol n'en est que l'usufruitier, et que la propriété appartient à la communauté. La confusion préméditée des parcelles, et l'uniformité d'exploitation qu'entraîne cette disposition du terrain, fait persister durant des siècles dans la même routine, dont aucun particulier ne peut s'affranchir. De là vient aussi la prééminence de la jouissance commune, car tout se lie, tout se correspond.

Il va de soi que cette demi-communauté de biens élevait un obstacle insurmontable au développement énergique du travail et à l'application des capitaux à la terre.

La production était faible ; le bétail, nourri au moyen du parcours et de la vaine pâture, restait en mauvais état, et la récolte successive des céréales engendrait les mauvaises herbes : on ne cultivait presque que des grains.

Cette économie rurale cadrait avec les besoins du moyen âge ; on recherchait alórs la quantité, et non la qualité ou la variété des objets consommés, et on n'usait presque pas de légumes. L'état de la consommation était aussi bien la cause que le résultat du système rural que nous venons de mentionner. Plus on transforme le pâturage en champ, plus on emploie de travail et d'engrais en tirant parti de la jachère, plus augmente la demande des produits raffinés, et plus on se rapproche des systèmes nouveaux de culture. On sait quelle heureuse révolution, dans ce sens, a réalisée la méthode de Schubert, en introduisant le trèfle dans la rotation des assolements.

Le premier pas fut fait quand les céréales et les plantes fourragères se succédèrent sur le même terrain, non pas d'année en année, mais à plusieurs années de distance. On renonça dès lors au *pâturage permanent*, en soumettant successivement tout le sol à la charrue, en n'utilisant comme prairie que les parties humides, et comme bois que les parties situées au loin ou tout à fait escarpées. La *culture pastorale* ne possède aucun caractère tout à fait spécial.

Ce système est pratiqué sous une forme grossière dans une grande partie de l'Ouest de la France ; mais on rencontre aussi dans ce pays des contrées où il est appliqué avec un intelligent succès [1]. L'Angleterre le connaît depuis le seizième siècle ; il subsiste encore dans les comtés où domine l'élève du bétail. Les plantes fourragères y ont une importance si grande, que le Devonshire, par exemple, livre aux céréales un tiers du sol arable, tandis que les deux tiers sont couverts de plantes fourragères. Le climat des contrées de l'Ouest s'y prête merveilleusement.

Le même système est suivi dans le Holstein, dans les contrées montagneuses du Midi et en Suisse. Pendant que l'Autriche septentrionale pratique l'assolement triennal, la *culture pastorale* domine dans les provinces méridionales ; elle s'étend rapidement en Courlande, et dans les îles du Danemarck.

La supériorité relative de ce système vient de ce qu'il se fonde sur une organisation complète de la propriété individuelle. Aussi, dans les contrées où il est pratiqué depuis longtemps par les paysans, on rencontre de temps immémorial, au lieu de l'enchevêtrement et de la confusion des parcelles, des corps de domaine bien arrondis. Il convient surtout à la grande propriété. Les frais du premier établissement sont assez dispendieux, il exige des prévisions complexes et un plan mûrement réfléchi ; mais la machine, une fois montée, marche en quelque sorte d'elle-même ; elle exige comparativement une surveillance beaucoup moins active.

En Angleterre, au seizième siècle, l'élève des moutons dirigea les propriétaires dans cette voie, en provoquant l'expulsion des tenanciers ; aussi Thomas Morus dit-il que les moutons dévorent les hommes en broutant l'herbe.

---

[1] V. le beau travail de M. Passy *sur l'Agriculture de l'Eure.*

En Écosse, au dix-huitième siècle, le système féodal, qui tendait à fournir à la bannière du seigneur un grand nombre de soldats, céda le pas au *système commercial;* l'émigration, l'industrie, la pêche, occupèrent les hommes qui cédaient le sol aux moutons.

Dans le nord-ouest de l'Allemagne, la guerre de Trente ans eut des effets analogues; la *culture pastorale* s'établit dans le Mecklembourg, le Holstein, etc. Dans la seule Poméranie, depuis 1628, plus de 12,000 paysans ont délaissé leurs tenures; la loi a eu beau vouloir y mettre obstacle, cette transformation, là surtout où les bras ont trouvé une occupation suffisante, a également servi le progrès de l'agriculture et celui de l'industrie.

Ce système exige plus de capital et de travail que la culture triennale; en revanche, il donne un produit brut plus considérable, surtout en matières animales. Le sol s'améliore par l'application d'engrais plus abondants, et la division régulière du terrain prépare la division de la propriété elle-même, en domaines d'une étendue moindre, comme la *culture savante* en a besoin.

Dans la *culture alterne*, tout le sol est travaillé chaque année, à l'exception des prairies. La *stabulation* s'y relie d'habitude, car, en place des pâturages, on n'y conserve que des prairies artificielles. En même temps, on travaille à supprimer la jachère au moyen d'une succession bien ménagée des végétaux confiés au sol; les plantes de différente nature se nourrissent tantôt par les racines et tantôt par les feuilles; elles réagissent diversement sur la terre, dont elles utilisent successivement les divers éléments. Les unes la rendent friable et plus sensible aux influences atmosphériques; d'autres l'affermissent par leurs racines, d'autres encore la nettoient et la purgent de mauvaises herbes. Là où cette rotation ne peut être pratiquée, à cause de la culture dominante du blé, du lin et du trèfle, on trace des sillons profonds entre des bandes étroites, de manière que les rigoles constituent une sorte de jachère, et l'on crible très-soigneusement la semence, afin qu'il ne s'y trouve aucun mauvais grain.

C'est seulement dans les terres très-argileuses, qui se durcissent facilement, comme on en rencontre dans plusieurs contrées bien cultivées de l'Angleterre, que la jachère pure ne peut pas être complétement évitée. La base de ce système de culture repose sur les plantes fourragères, qui servent à entretenir un bétail nombreux et font restituer au sol, au moyen des engrais, plus de substance nutritive qu'elles ne lui en enlèvent par leur végétation.

L'avantage du système, qui prévaut dans tous les pays très-peuplés et bien cultivés, consiste dans un accroissement très-grand du produit brut. Suivant les calculs de M. de Thünen, à qualité égale du sol, la culture belge nourrit aussi facilement 7,000 hommes par mille carré, que la culture mecklembourgeoise 3,000. Mais aussi ce système exige-t-il beaucoup plus de travail et de capital, des constructions considérables, un riche mobilier agricole, de nombreux bestiaux. Il ne peut s'établir qu'avec une libre exploitation du sol, dégagé de toute servitude, sur des domaines bien arrondis, qui n'ont pas trop d'étendue, et surtout avec des cultivateurs attentifs, soigneux et intelligents. Pendant que la culture *triennale* imprime à toute une sorte de terrain, à toute une position donnée, à toute une province, une règle uniforme, la culture *alterne* se spécialise presque partout, d'après les impulsions individuelles; la routine ne saurait s'y perpétuer. Aussi ce n'est pas seulement matériellement, mais intellectuellement, qu'elle demande une application plus large du travail et du capital.

Un des signes les plus décisifs de l'état de développement de l'agriculture, c'est le soin plus ou moins scrupuleux dont on environne les engrais. La Belgique est le pays classique sous ce rapport, et surtout la contrée qui s'étend entre Anvers, Gand, Ypres et Bruxelles. A. Young dit lui-même : *I shall always consider myself as ignorant in husbandry till I have well viewed the Austrian Flanders.* Aucune parcelle d'engrais n'est perdue sur les routes; les pauvres, les enfants, les femmes ramassent tout avec soin ; de nombreux magasins pour la vente, de grandes entreprises pour l'exploitation de ces matières fertilisantes, se rencontrent de tout côté, en appelant l'importation à leur aide. Au commencement de ce siècle, le seul département de l'Escaut tirait, chaque année, pour plus de 700,000 francs d'engrais du dehors. Rien n'est perdu ; les matières animales de toute provenance et de toute nature nourrissent sans cesse le sol.

La culture s'élève à peu près à la même hauteur, et cela depuis le moyen âge, dans la plus grande partie de l'Italie supérieure et dans les contrées populeuses de la Toscane. En Espagne, les côtes septentrionales, la Catalogne, la *huerta* de Valence, Alicante et Murcie, présentent un bel aspect.

Les prairies artificielles ont été presque inconnues en France jusqu'au moment de la révolution ; le *métayage* et la *taille* détournaient les capitaux du sol ; aujourd'hui, surtout dans le voisinage des grandes villes, dans les départements du Nord, sur les bords du Rhin et de la Garonne, la culture a fait de très-grands progrès. Il en est de même dans la vallée allemande du Rhin et en Suisse.

L'Angleterre a vu se développer la culture alterne, à proportion que l'accroissement des villes, de la population et de l'industrie, a rendu la production des grains et de la viande plus lucrative que celle de la laine. C'est dans ce pays que la *littérature rurale* présente les plus nombreux et les plus utiles travaux, et que les progrès agricoles ont été les plus merveilleux [1].

La Chine et l'Arabie heureuse méritent encore d'être mentionnées. Dans le Yemen, tout est soigneusement travaillé, arrosé : c'est de la *cul-*

---

[1] V. le remarquable ouvrage de M. de Lavergne, *de l'Economie rurale en Angleterre.*

(L. W.)

ture-jardinage. En Chine, le travail de l'homme est remarquable, mais le capital fait défaut. Les neuf-dixièmes de la population sont hors d'état d'entretenir du bétail, et doivent tout faire à la pioche et à la bêche ; on y prend grand soin du fumier et de l'irrigation. Cependant l'absence du capital entraîne ce pays vers le déclin, car, à la longue, les forces morales et physiques du peuple s'en ressentent.

Le Bengale confirme cette vérité : les bœufs y sont si misérables, qu'ils n'ont pas assez de force pour traîner une bonne charrue anglaise ; on y fait succéder les mêmes récoltes jusqu'à épuisement du sol; cela a lieu dans les pays à population fort dense, où le sol est très-divisé, et le paysan très-pauvre.

Le même spectacle se reproduit en Irlande, où la terre subit une véritable torture. Le peuple y a perdu le sens d'une situation meilleure. Sa nourriture nous reporte, par son uniformité, aux relations du moyen âge, et le cochon y domine aussi comme animal domestique.

Ce genre de culture a cela de commun avec le mode le plus grossier d'exploitation du sol, que presque tout le monde est forcé de vivre du produit immédiat de la terre.

Si nous passons en revue les divers systèmes de culture qui se sont développés depuis l'exploitation semi-nomade, jusqu'au jardinage, et qui peuvent rétrograder ensuite, le fait qui nous frappe d'abord, c'est qu'à mesure que la culture devient plus savante, le produit brut s'accroît.

Il n'y a donc rien d'étonnant à ce que des hommes voués à l'étude des intérêts publics, qui avaient visité le Palatinat ou les Flandres, se soient laissés séduire par les résultats qui y sont obtenus, et qu'ils aient voulu les naturaliser autant que possible dans leur pays. Il n'y a pas longtemps encore, les hommes les plus éclairés regardaient comme synonymes les systèmes *simples* d'agriculture et une *mauvaise* agriculture. Ebeling, dans son excellente description de l'Amérique, ne manque jamais de se plaindre, en toute occasion, du défaut d'habileté des agriculteurs, qui ne labourent et ne hersent qu'à la surface, ont peu d'engrais, ne pratiquent pas la culture alterne, etc.

L'histoire nous enseigne aussi que les colons d'un Etat riche et bien cultivé, qui ont voulu transporter les procédés de la mère-patrie dans des contrées différentes, ont presque toujours échoué. Après de nombreux et lourds sacrifices, ils n'ont commencé à prospérer que lorsqu'ils ont plus ou moins pactisé avec les habitudes et les méthodes indigènes.

Rien de plus instructif ni de plus divertissant, sous ce rapport que le *Voyage* de Parkinson dans l'Amérique du Nord[1]. C'était un habile fermier du Lincolnshire, habitué aux procédés perfectionnés de culture; Sinclair l'avait recommandé à Washington, pour l'aider à améliorer ses propriétés. Parkinson trouve qu'en Amérique les choses se passent tout de

---

[1] *Parkinson a Tour in America in* 1798-1800.

travers : aucun de ses principes, devenus pour lui une seconde nature, et regardés comme inébranlables, ne peut s'y adapter. Il ne sait point en imaginer d'autres, mieux applicables à la localité. Il a comme le vertige de ne pouvoir réussir à rien, et il condamne l'Amérique comme un monde à l'envers. On sympathise avec ses souffrances, sans pouvoir s'empêcher d'en rire. En s'embarquant en Angleterre, il avait emmené avec lui d'excellent bétail, des bœufs de prix, des chevaux pur sang, en partie éprouvés aux courses, etc. Il aborde en novembre, et apprend avec effroi qu'il ne peut nulle part se procurer du foin. Le bétail, les chevaux indigènes se contentent d'une grossière nourriture. Parkinson s'étonne de tout, blâme tout ; quel que soit le succès obtenu, il dit que le sol lui-même est *déplorable*, parce qu'il ne peut pas y obtenir le gras bétail du Lincoln.

III.

On oublie trop facilement que les systèmes de culture qui rapportent le plus sont aussi ceux qui coûtent le plus cher, et par conséquent qu'ils sont uniquement praticables, là où le travail et le capital s'offrent en surabondance vis-à-vis du sol. La rente foncière doit y être élevée, et quant aux salaires et au taux de l'intérêt, il faut au moins qu'un de ces deux éléments se rencontre à taux réduit. Il appartient, par conséquent, aux enseignements les plus instructifs, mais aussi les plus difficiles à se procurer, de la *statistique*, de comparer l'importance relative du capital consacré à la culture dans les divers États. Rau a fourni les indications les plus complètes, d'après les documents actuels (I, § 215, *a*), mais il serait fort désirable que ceux-ci fussent plus multipliés et mieux élaborés.

Sans doute la règle, que les opérations de culture qui augmentent le produit brut entraînent plus de frais, souffre quelques exceptions ; par exemple, on a inventé des charrues qui unissent l'économie à une action plus puissante, mais ces exceptions sont rares.

L'agriculture *savante* n'est guère possible que dans un État avancé de civilisation ; elle exige un prix plus élevé pour les produits de la terre. Aussi comprend-on à merveille ce que Washington écrit à Arthur Young, qu'il est plus avantageux, en Amérique, d'exploiter mal une grande étendue de terrain, que de bien cultiver un espace restreint[1]. La culture *extensive* est plus profitable aux degrés inférieurs de la civilisation, et la culture *intensive* convient à une société plus avancée[2]. Dans un cas, le premier *facteur* de la production, la nature, s'offre en abondance ; dans l'autre, ce sont le travail et le capital. Il faut savoir se régler là-dessus.

Cette loi mérite de prendre rang à côté des vérités fondamentales constatées par Adam Smith, par Ricardo, par Malthus, par Rau ; et

---

[1] *Statistical Manual for the united states* 1806, p. 106.

[2] V. l'excellent ouvrage de M. Passy, *les Systèmes de culture en France*.

(L. W.)

comme il serait juste de transporter dans le domaine des sciences économiques un usage suivi depuis longtemps dans les sciences mathématiques et naturelles, on devrait lui adjoindre le nom de M. de Thünen, qui l'a sinon découverte le premier, du moins le mieux mise en lumière, par une méthode aussi ingénieuse que pénétrante, au moyen de laquelle il a résolu nombre de questions économiques d'un grand intérêt.

Son ouvrage a attendu longtemps, pour être étudié et consulté autant qu'il le mérite ; cela tient en grande partie à la forme adoptée. Comme cela arrive d'habitude aux praticiens qui mettent rarement la plume à la main, M. de Thünen entre dans de longs développements sur des points qui s'expliquent d'eux-mêmes ; il a une prédilection incommode pour les formules algébriques, et l'ensemble de l'exposition a le tort de ne pas faire suffisamment ressortir les aperçus principaux. Enfin l'auteur puise trop dans son propre fonds, en négligeant de consulter d'autres travaux économiques, ce qui rend sans doute ses services d'autant plus remarquables, mais peut-être moins complets qu'ils auraient pu le devenir avec une méthode différente. Néanmoins son livre compte au nombre des monuments les plus importants que l'Allemagne ait élevés à la science économique, et M. Roscher ajoute qu'il lui doit beaucoup [1].

M. de Thünen pose l'hypothèse d'un *Etat*, séparé du reste du monde par un désert infranchissable. Il a la forme d'un cercle, et présente partout un terrain de nature identique, qui n'est traversé par aucun canal, par aucune rivière navigable. Une grande ville, la seule qui existe, est placée au milieu. Comment l'agriculture se développera-t-elle dans *l'Etat isolé ?* — La ville, dans laquelle toutes les industries se concentrent, est le seul marché de consommation ; au lieu de production, le blé vaut ce qu'il se vend au marché de la ville, déduction faite des frais de transport. Aussi les prix vont-ils en diminuant, suivant des cercles concentriques, à mesure que l'on s'éloigne de la ville, et l'on arrive à un point où le coût du transport s'élevant au niveau du prix du marché, on ne peut plus cultiver de blé pour la vente, en dehors de la consommation locale.

Autour de la cité domineront les produits qui ne sauraient supporter de frais de transport considérables. Ainsi les fleurs, les légumes, le laitage frais, qui exigent un envoi immédiat et successif, et qui souvent sont portés à la ville. Tout est calculé de manière à faire entretenir le plus

---

[1] Joseph Henri de Thünen (de Tellow en Mecklembourg), a publié en 1826 une première édition de *l'Etat isolé dans ses rapports avec l'agriculture et l'économie publique, ou Recherches sur l'influence que le prix des grains, la richesse du sol et les impôts exercent sur le mode de culture.* La deuxième édition, revue et augmentée, a paru en 1842. Ce livre, d'un mérite supérieur, a été traduit en français par M. Jules Laverrière (Paris, 1851 ; chez Guillaumin). Il jette un jour nouveau sur les problèmes les plus compliqués de l'économie agricole, et notamment sur la question de *la rente foncière.* (L. W.)

possible de bétail ; on profite de la facilité d'obtenir le fumier de la ville, à bon compte et selon la quantité voulue ; on peut aussi enrôler des journaliers au marché. Le foin et la paille sont vendus pour l'entretien des chevaux de la cité, tandis qu'une exploitation plus éloignée doit les conserver pour les consommer sur place, afin de se procurer ainsi du fumier. Les céréales sont cultivées autant pour la paille que pour le grain, et les semailles sont faites très-dru, car les objets dont le volume est considérable, par rapport à leur valeur, doivent être produits tout près du marché. La grande abondance du capital et de la main-d'œuvre dispense d'alterner les cultures, en adoptant par intervalle les moins productives, ce qui a lieu quand on ne peut restituer au sol les substances nutritives qu'on lui enlève. Par conséquent, on voit s'étendre la *culture libre*, dont le *jardinage* est l'exemple le mieux connu. Plus on s'éloigne de la ville, plus augmente le coût de transport du fumier qu'on en retire, jusqu'à ce qu'on atteigne le point où il devient plus avantageux de le produire sur place que de l'importer.

Alors succèdent des régions consacrées principalement à la culture du blé, et d'abord, avec un système *savant*, le mode de culture belge ; puis, avec des systèmes de moins en moins compliqués et étudiés, la *culture alterne*, la *culture pastorale*, la *culture triennale*, etc. ; puisque la *valeur* du blé diminue à mesure qu'on s'éloigne du centre, il faut aussi que les frais de production s'abaissent, c'est-à-dire qu'on admette des systèmes d'exploitation de plus en plus *simples*. Mais il est clair que, comme les teintes vont en se dégradant sans que la couleur soit subitement modifiée, les *modes de culture* varieront sans qu'il y ait de limites tranchées entre les exploitations qui se succèdent dans le *ménage des champs*.

Quand on atteint la limite à laquelle il devient impossible de cultiver du blé pour le marché, on a recours à d'autres produits pour lesquels le transport constitue une portion moindre du *prix*. A cette classe appartiennent les bestiaux. Le bétail maigre se transporte lui-même presque sans frais. Il n'en est pas de même du bétail engraissé ; aussi élèvera-t-on, dans les régions éloignées, des sujets qui seront ensuite engraissés dans les régions plus rapprochées. Le *cercle* consacré à l'industrie du bétail ne produira que la quantité de blé nécessaire pour la nourriture locale d'une population clair-semée. L'été, le bétail trouve des pâturages en abondance ; la difficulté se rencontre pour l'hivernage. On ne saurait cultiver de fourrages, car le bas prix du bétail ne pourrait couvrir ce supplément de dépense. Les prairies naturelles deviennent l'unique refuge ; elles seules rendent le pâturage d'été profitable, en fournissant le fourrage pour l'hiver. C'est sur elles que repose surtout la rente du sol.

Enfin, l'éloignement du marché est-il trop grand pour que les produits de l'industrie du bétail puissent y paraître, la culture proprement dite s'arrête. Il ne restera plus que la pêche et la chasse, et des pelleteries rares, pour alimenter le commerce de la cité.

L'hypothèse de l'*État isolé* écarte toutes les circonstances accessoires qui pourraient modifier ce grand problème : Quelle est l'influence de l'éloignement du marché, du débouché, sur le ménage des champs ? La simplicité des données jette une grande clarté sur la solution.

Si nous mettons cet *idéal* en rapport avec la *réalité*, il saute aux yeux que l'existence des divers *marchés de consommation* entraîne la formation, autour de chacun d'eux, de divers cercles concentriques qui se pénètrent réciproquement de mille manières, bien que les marchés secondaires dépendent des marchés principaux. De même, chaque bonne route, et notamment chaque voie fluviale, chaque canal, chaque chemin de fer, exercent une influence considérable sur la configuration des cercles, puisque les points *géométriquement* séparés par la distance se trouvent *économiquement* rapprochés. Il est clair aussi que tous les pays très-peuplés, riches, d'une civilisation avancée, dans lesquels, par conséquent, la consommation des produits du sol est considérable en quantité, et en qualité, ont une parenté rapprochée avec les *cercles intérieurs* de l'*État isolé*, tandis que les pays à population clair-semée, pauvres, dont la civilisation est dans l'enfance, reproduisent l'image des *cercles extérieurs*.

On peut voir très-clairement, par l'exemple du Danemarck et du Schleswig-Holstein, combien peu l'on réussit à précipiter artificiellement les choses sous ce rapport. La théorie nouvelle avait beau condamner la jachère, on l'a introduite dans ces contrées depuis soixante-dix ans, avec grand profit, comme une amélioration rationnelle de la culture. La *culture pastorale* fait d'elle-même de nombreux prosélytes en Danemarck, pendant que la Société d'agriculture de Copenhague dépense en vain les récompenses et les encouragements pour propager la *culture alterne*, à l'exemple de l'Angleterre. Le gouvernement a dissipé des millions à vouloir coloniser trop tôt les terres incultes. Nous remarquons fréquemment, en Angleterre, qu'à mesure qu'un marché augmente d'importance, tandis qu'un autre décline, la *culture pastorale* se transforme en *culture alterne*, et réciproquement.

Nous craindrions de trop étendre cette analyse, en suivant M. Roscher dans les intéressants détails qu'il donne sur la production des légumes, du laitage, l'engraissement des bestiaux, l'élève des chevaux, la fabrication du fromage et du beurre, la vente des peaux, de la laine, du suif, du lard, sur les *cultures commerciales* et l'influence du climat, etc., en contrôlant l'application des principes par une riche nomenclature de faits empruntés aux divers pays du monde, qui se trouvent à des degrés différents de civilisation et de richesse [1]. Les considérations empruntées à l'économie rurale de l'Angleterre ont une grande portée.

Mais nous ne saurions passer sous silence l'espèce de démonstration

---

D'ailleurs, la traduction de l'ouvrage de M. de Thünen nous dispense de trop insister sur cette partie du travail de M. Roscher.

plastique à laquelle conduit, suivant **M. Roscher**, l'image de l'*état isolé*, en l'appliquant à deux lois économiques d'une grande importance.

Et d'abord la loi de Ricardo :

Le prix des produits du sol est déterminé par les frais de production sur les terrains les plus défavorables, dont la culture est nécessaire pour satisfaire aux besoins de l'ensemble de la consommation. Le plus mauvais terrain ne produit point de rente : les terrains de meilleure qualité en produisent une d'autant plus forte, qu'ils donnent une récolte plus abondante avec un emploi égal de forces et de capitaux. Le même résultat se manifeste quand, avec l'accroissement de la consommation, au lieu de recourir aux terrains de qualité inférieure, on préfère employer, sur un sol déjà exploité, plus de travail ou de capital. *La différence dans l'avantage de la situation agit de la même manière que la différence de qualité du terrain.*

En second lieu vient le principe observé par Adam Smith, en ce qui concerne la *variation historique du prix des produits :*

Plus la civilisation d'un peuple se développe, et plus s'élève le prix de tous les objets, à la création desquels la nature contribue en majeure partie, tandis que le prix de tous ceux dans lesquels domine l'action du travail et du capital diminue.

L'*Etat isolé* ne nous fournit pas seulement la clef des questions les plus intéressantes de la statistique agricole, mais aussi celle des problèmes historiques.

Les rapports sociaux commencent avec la chasse et la pêche, limites extrêmes de l'État isolé ; ils traversent l'industrie du bétail pour arriver à l'agriculture, qui développe des systèmes de plus en plus étudiés. L'industrie de la ville et le commerce apparaissent au sommet.

Quand les agriculteurs vantent, à l'exclusion de tout autre, comme le meilleur *d'une manière absolue*, le système qu'ils pratiquent avec profit, ils commettent la même méprise que les théoriciens politiques, qui proclament la seule bonne, la forme du gouvernement qu'ils désirent voir établir. La plus grande partie des erreurs humaines provient de ce qu'on présente ce qui est vrai et salutaire, dans un certain temps et dans un certain lieu, comme la vérité absolue et le salut universel. A chaque degré de la vie nationale s'adapte une organisation politique qui est en relation continue, comme effet et comme cause, avec tous les autres rapports sociaux ; de même à chaque phase de développement de la civilisation correspond un mode spécial de culture. Copier les exemples étrangers est chose également périlleuse dans les deux cas, et le passage d'une forme à une forme n'est pas exempt de peine. Personne ne croit plus, en médecine, à l'existence d'une panacée universelle ; espérons qu'il en sera bientôt de même en politique et en agriculture. L'homme politique et l'administrateur doivent agir comme le médecin habile, qui ne force point la nature, mais qui se borne à l'étudier et à l'aider.

Tous les progrès politiques, religieux et intellectuels, s'accomplissent d'abord dans le voisinage des grandes villes et des routes commerciales; il n'en est pas autrement des progrès économiques. C'est là que la rente foncière et la population grandissent en premier lieu; c'est là que baisse d'abord le taux de l'intérêt, et que les systèmes de culture plus savante deviennent le plus promptement applicables à cause du *débouché*.

Chez tous les peuples, l'agriculture a suivi un mouvement parallèle à celui de la politique, tous les éléments de la civilisation se lient et s'enchaînent. L'observation des faits analogues, l'explication des faits différents, conduisent à connaître l'essence des choses et à formuler leur *loi*. Chaque diversité, dit Montesquieu, est uniformité, chaque changement est constance !

Les lois humaines ne sont bonnes ou tout au moins durables que si elles se trouvent en harmonie avec les lois naturelles du développement social. Les hommes d'État véritablement dignes de ce nom, ceux qui ont ouvert pour des siècles la voie dans laquelle leurs peuples ont été engagés, ont en réalité le mieux approfondi ces lois, et ils ont le plus habilement mis d'accord avec celles-ci les mesures adoptées ; mais aussi, réciproquement, les institutions qui se sont maintenues en vigueur pendant des siècles, chez plusieurs peuples divers, ont toujours en leur faveur une forte présomption de n'avoir point contrarié les lois naturelles, ou, en d'autres termes, d'avoir répondu aux *besoins véritables*. Le respectable Schwertz le fait observer avec raison : Nous devons toujours être disposés à croire, que ce qui est généralement pratiqué dans une contrée (et j'ajouterai dans une époque) doit avoir sa raison d'être. On l'appelle souvent *préjugé*, et souvent aussi on ne se trompe pas. Mais entre un préjugé et une erreur, il existe une différence aussi essentielle qu'entre le jugement et la vérité[1].

De pareilles appréciations ont été appliquées depuis trente ou quarante ans à tous les aspects de la science et de la vie ; elles ont servi, sans aucun doute, à une compréhension plus exacte du passé, que l'on avait trop souvent l'habitude de regarder avec dédain, de la hauteur des idées actuelles. Avouons-le cependant, l'abus n'a pas tardé à s'introduire avec l'usage. Une réaction aussi absurde que malfaisante a voulu galvaniser et farder le passé, en essayant de donner à la mort l'apparence de la vie ; aussi infidèle aux leçons du temps que la doctrine extrême qu'elle venait détruire, elle s'est souvent servi du masque historique. Gardons-nous de pareils excès, si nous sommes conservateurs, car la réaction est notre pire ennemi !

Quand on a clairement approfondi les conditions sur lesquelles reposent les institutions des périodes de civilisation que l'humanité a traversées ; quand on sait pourquoi elles ont été nécessaires dans leur temps,

---

[1] Schwertz, *Observations sur l'agriculture du Palatinat*, 82.

et fondées sur *la raison* et *l'utilité*, on hésitera sans doute à porter légère-
ment la main sur les vestiges qu'elles peuvent encore conserver dans le
présent. Mais il ne saurait non plus être admissible de les maintenir, là
où les conditions qui leur servaient de base se sont complétement
transformées, là où elles sont devenues *déraison* et *fléau*, d'autant plus
nuisibles aujourd'hui, qu'elles ont plus vigoureusement rendu service
au passé.

Le vrai sens historique donne le moyen le plus sûr de distinguer ce
qui est suranné et décrépit, de ce qui conserve la vitalité ou se développe avec les forces de la jeunesse. Les sincères amis de la con-
servation et du progrès peuvent se rencontrer sur ce terrain neutre, qui
est la voie de la vérité.

Plus on pénètre dans la connaissance exacte du monde économique
et moins on peut croire qu'il puisse être bien compris, si l'on se borne
à l'étude exclusive des données purement économiques. Qui pourrait
saisir les tendances particulières d'un homme, sans avoir étudié son
caractère ? La vie d'un peuple est une ; quelque divisées que pa-
raissent à la surface ses, diverses manifestations, politique, droit, religion, organisation sociale, etc., elles partent toutes d'une racine commune, elles se supposent et s'expliquent mutuellement. Quel admirable
organisme ! Les conditions naturelles du sol, du débouché, etc., choses
éminemment matérielles, exigent-elles un système particulier de culture, vous voyez les rapports des personnes, de la constitution de l'Etat,
de la commune, et toutes les relations se développer de manière à conduire au même but. Tout naît et disparaît en même temps. Le chrétien
pressent et admire l'harmonie des desseins de la Providence !

Nous essayerons de relier à la théorie de M. Thunen les trois catégories principales des lois qui concernent le sol, à savoir les restrictions
imposées à la propriété foncière, au triple point de vue de l'*intérêt de la
famille*, de l'*intérêt de la commune* et de l'*intérêt du droit domanial*.

Il faut ranger, sans contredit, au nombre des lois les plus importantes
du progrès politique, *le développement du pouvoir social, en lutte avec les
personnes juridiques d'un ordre secondaire*. Au début de toute société,
chaque membre ressent très-peu individuellement l'action de l'ensemble ; l'*État* ne se meut encore que dans une sphère fort restreinte. Sa
seule mission, au début, est de pourvoir à la sécurité du pays, vis-à-vis
de l'étranger ; au dedans règne toujours le droit de guerre privée, la
vendetta, et l'on songe à peine à l'action publique sur le bien-être, le
développement intellectuel et matériel, etc. En progressant, l'Etat étend
de plus en plus le domaine de son activité. Lorsque la paix publique
est garantie, la sécurité légale du pays devient le but principal de l'É-
tat ; il se charge successivement de la direction de l'industrie, de l'édu-
cation, etc. ; le domaine de l'administration s'élargit sans cesse ; on parle
du *pouvoir bienfaisant* de l'Etat, et on en vient à lui assigner une infinité

2

de tâches à remplir, et à lui fournir, pour cela, une infinité de moyens.

La mission de l'Etat étant fort restreinte aux époques primitives, ses exigences le sont également, il perçoit peu d'impôts. De petites communautés, la famille, la corporation, la commune, les classes supérieures, la province, suffisent pour satisfaire, en majeure partie, aux besoins de la vie politique. Ces agrégations restent donc dans une position beaucoup plus indépendante vis-à-vis de l'ensemble.

Le pouvoir social veut-il s'étendre,—et tout pouvoir humain a cette tendance,—il entre nécessairement en lutte avec ces associations, il cherche à leur retirer les attributions politiques. La famille ne doit plus remplir qu'un rôle purement domestique, confiné dans la vie civile. La corporation n'existera qu'avec l'autorisation de l'Etat, et sous sa stricte surveillance ; les communes, les provinces, au lieu de constituer des pouvoirs indépendants, ne seront plus que des éléments du pouvoir public.

Ce mouvement se répète avec plus ou moins de netteté et d'énergie chez tous les peuples de l'antiquité et des temps modernes ; nous avons essayé de le ramener à la loi de la division du travail.

Plus les nécessités politiques se manifestent avec force, — et c'est le cas de l'accroissement de la population et de la culture intellectuelle, — et d'autant moins peut suffire l'action du père de famille, du supérieur de la corporation, etc., d'autant plus on s'en remet à ceux dont la mission spéciale est d'administrer.

Le développement du commerce engendre cette nécessité. Là où les rapports n'existent qu'entre les membres d'une même famille, d'une corporation ou d'une commune, le père de famille, *l'ancien* ou le magistrat municipal peuvent vider les conflits, satisfaire aux besoins de la vie locale. Dès que la complication des rapports s'accroît, un autre pouvoir plus élevé, plus général, devient indispensable ; ce pouvoir, *c'est l'Etat*.

IV.

LIMITATION DU DROIT DE PROPRIÉTÉ DANS L'INTÉRÊT DE LA FAMILLE.

Chez tous les peuples, pendant qu'ils traversent leur *moyen âge*, la famille a une mission beaucoup plus étendue que dans les périodes ultérieures. Le droit pénal et la sécurité personnelle ont eu, chacun le sait, la *vendetta* pour point de départ ; tel est aussi le but des *cojurateurs*, que l'on rencontre chez presque tous les peuples, à leur degré inférieur de civilisation. L'Etat n'intervient point dans la justice domestique, qui s'exerce sur les membres de la famille, les affranchis et les esclaves, ni dans la tutelle, etc. Quand les vertus et les fautes sont héréditaires, quand la dette de la famille, la malédiction qui pèse sur elle, ou la bénédiction qui l'entoure, obéissent au même principe, il est tout simple que l'on attache beaucoup de prix, même aux degrés de parenté les plus éloignés.

Il en résulte naturellement que la famille exerce des prérogatives plus énergiques sur ses membres, notamment sous le rapport économique. Comme en ces temps la fortune se compose presque uniquement de pièces de terre, la limitation du droit de disposer, qui frappe le détenteur du bien, s'applique surtout à la propriété territoriale. On peut admettre comme règle, à cette période de la civilisation, que le possesseur du sol n'en est, à proprement parler, que l'usufruitier; il partage le droit véritable de propriété avec le seigneur ou avec la commune, et principalement avec la famille [1].

Ainsi les Germains ne connaissaient point le droit de tester au temps de Tacite [2]. Les testaments ne furent pratiqués que sous l'influence du droit romain; encore, à la fin du quinzième siècle, les personnes de condition inférieure n'en faisaient presque pas usage [3]. On pensait qu'attribuer à un tiers une chose dont on retient la jouissance pendant la vie, c'était se montrer libéral, aux dépens exclusifs de l'héritier légal.

En vertu du même principe, le droit général du moyen âge armait l'héritier le plus proche du pouvoir d'annuler les aliénations, les engagements, etc., accomplis sans son consentement; de là viennent aussi les innombrables *droits de retrait*. Les meubles seuls répondaient des dettes du défunt. En Norvége, tout parent conservait, même après des siècles, la faculté de rembourser à l'acquéreur le prix d'achat, en revendiquant l'immeuble. Peu à peu, on limita ce privilége aux seuls descendants, puis on admit la prescription de vingt ans et celle de dix ans, depuis 1771; enfin, récemment, ce droit a été complétement aboli. Une faculté pareille, en ce qui concerne les *biens nobles*, ne fut supprimée, en Autriche, que par Joseph II.

C'est au même ordre d'idées qu'appartient la préférence accordée par le moyen âge à la ligne masculine, et, à un plus haut degré encore, le droit de primogéniture et d'indivision du domaine territorial. On sait comment la plupart de ces institutions se sont développées dans le droit féodal. A la fin du moyen âge, la possession de la terre à titre de *fidéicommis de famille* domine non-seulement parmi les seigneurs, mais aussi dans les rangs de la petite noblesse, en Espagne, dans le Portugal, dans l'Italie Inférieure, en Angleterre, etc.

De même, presque partout en Europe, les terres des paysans étaient indivisibles, soumises à un ordre de succession légalement fixé; le droit de les aliéner ou de les engager était limité. Il fallait, en dehors de l'in-

---

[1] *Dominium directum, utile.*
[2] *Tacit., German.*, 20.
[3] *Eichhorn Deutsche Staats und Rechtsgeschichte*, XIV, § 443.

térêt de la famille du paysan, sauvegarder celui du seigneur, auquel il ne pouvait être indifférent, à cause des services et des redevances qui lui étaient dus, que le bien du paysan fût détérioré, obéré ou divisé.

Il en a été de même chez les peuples anciens, à des époques de civilisation analogues.

Mais qu'on se garde bien de condamner ces institutions, fruit de l'ensemble des circonstances. Au moyen âge, elles pouvaient à peine être envisagées comme des restrictions ; elles ne faisaient qu'imprimer le cachet juridique à des relations qui se développaient d'elles-mêmes.

Les *aliénations* ne pouvaient qu'être rares dans une société où il y avait abondance de terres et absence de capitaux. Le principal obstacle à ce que les habitants plus aisés de la cité fissent l'acquisition des biens des paysans se rencontrait dans les *redevances* et les *corvées*, dont ceux-ci étaient grevés. Quant aux biens nobles, ils ne pouvaient tomber entre des mains roturières, à cause des droits politiques, de la franchise de l'impôt, etc., qui y étaient attachés.

Par le même motif, les nobles ne pouvaient étendre leurs possessions au détriment du *sol roturier*, et d'ailleurs ils ne possédaient pas les ressources nécessaires pour faire des acquisitions. On ne songeait guère à des emprunts considérables, non-seulement à cause de la rareté des capitaux, mais aussi à cause du *système extensif* de la culture du moyen âge, qui n'aurait pas assuré aux fonds employés un profit suffisant. Le *besoin* seul pouvait alors déterminer l'emprunt.

Cette culture *extensive*, qui exige une grande étendue de domaine, devait empêcher aussi toute division de la propriété. « Bien divisé n'arrive pas à la quatrième génération, » dit un vieux proverbe westphalien, très-applicable aux périodes inférieures de la civilisation.

Aujourd'hui encore, dans les contrées où règne la *culture extensive*, on révoque en doute l'utilité qu'il y aurait à ce que les journaliers fussent propriétaires : ils ne peuvent pas réaliser leur travail aussi avantageusement, en l'employant à leur coin de terre, qu'en le louant ; ils risqueraient de voir le prix de revient de leur blé dépasser le prix de vente, etc.

Le bon sens populaire ne s'y est pas trompé ; les plus jeunes, ou bien là où existe le droit de *minorat*, les plus âgés des enfants ne portent point envie au frère avantagé. « La famille doit maintenir le *bien* [1], disent-ils, l'un des frères peut seul l'administrer convenablement, et il doit être mis en état de le faire. »

En vain la législation française a-t-elle essayé de mobiliser la terre dans

---

[1] Nous ne rencontrons point d'expression qui rende exactement en français le mot *Hof* ; celles qui s'en rapprochent le plus sont le *bien*, la *manse*, la *ferme*, le *domaine* ou l'*héritage*. En Pologne, où les relations que consacre la constitution du *Hof* subsistent encore, on l'appelle *gospodarstwo* (le *ménage*). (L. W.)

des contrées peu cultivées de l'Allemagne ; la *coutume*, plus forte que la loi, a maintenu les *héritages* dans leur forme ancienne.

Il est évident que ce système, fruit d'une culture peu avancée, favorise singulièrement l'indolence des paysans. Mais les intéressés ne s'en plaignent pas ; il arrive souvent que les enfants plus jeunes, qui vivent dans le célibat, économisent sur leur modique salaire pour qu'après leur mort cette épargne revienne au possesseur de l'*héritage*.

Mais ces tendances ne sauraient se maintenir toujours. La persistance des *personnes juridiques* d'un ordre secondaire se lie d'une manière intime à la constitution *aristocratique* de l'État. Celle-ci favorise les institutions qui maintiennent les classes inférieures dans des sphères limitées, et qui entravent tout changement, en bornant l'horizon.

A mesure que le point de vue s'élargit, cette résignation calme fait place à un effort persévérant, moins facile à satisfaire, moins replié sur lui-même, accessible à toute idée de progrès : en même temps, le poids de pareilles institutions semble de plus en plus intolérable. Le *cadet* demande pourquoi il se trouve refoulé à une si grande distance de l'*aîné*. Souvent il arrive qu'il abandonne la culture pour entreprendre l'exercice d'un métier dans la ville ; il lui serait alors d'une utilité évidente d'obtenir une *légitime* plus considérable.

Nous verrons comment ce nouvel état des choses rend de plus en plus pressante et irrésistible la nécessité de supprimer les corvées et les redevances en nature.

Du moment où cette révolution s'accomplit, le seigneur ne doit plus attacher un grand prix au maintien de son *domaine éminent*. L'inaliénabilité des possessions devient onéreuse, en présence de la modification du système de culture, et l'ordre féodal, privé de ses prérogatives, dégénère en une vaine forme, assujettie à des conditions fort lourdes et souvent fort périlleuses pour les familles privées de descendance masculine.

Lorsque, dans un Etat aristocratique, la propriété territoriale de la noblesse est sous l'empire d'un *fidéicommis*, les *cadets de famille* ont, en compensation, une carrière ouverte devant eux. L'Eglise catholique, et surtout l'Eglise anglicane, leur réservent les postes les plus élevés. Depuis que la noblesse, notamment à partir du dix-septième siècle, s'est mise bien en cour, la même faveur les attendait pour les dignités administratives et pour le service militaire. Ils obtenaient la préférence pour les fonctions publiques, et cet ensemble de prérogatives rendait le droit d'aînesse tolérable.

Mais depuis que les temps nouveaux ont singulièrement diminué ces avantages, les *cadets* et les détenteurs même des *fidéicommis*, préoccupés de l'avenir de leurs enfants plus jeunes, ont été intéressés à l'abolition du droit de primogéniture.

Quand, d'une part, le *service* dû au pays, et, d'autre part, l'exemption d'impôt, dont profitaient les biens nobles, ont disparu, l'Etat n'a plus d'intérêt à veiller à ce que ceux-ci ne tombent point en roture. Une telle interdiction serait préjudiciable à la noblesse ; au milieu du commerce actif qui s'est établi sur la propriété, les biens soustraits à une libre disposition, ou ne pouvant passer qu'en certaines mains, perdraient de leur valeur, en étant moins *demandés*.

Dans l'intervalle, les conditions économiques de l'ancien état des choses ont changé. L'accroissement de la population, notamment dans les villes, et la transformation des habitudes, qui exigent des produits plus délicats, plus raffinés, favorisent la culture *intensive ;* du moment où celle-ci commence à prévaloir, il faut, pour qu'elle se perfectionne, que l'étendue du domaine diminue proportionnellement aux capitaux et au travail dont le propriétaire peut disposer. Tandis que naguère, en présence d'un autre mode d'exploitation, le domaine pouvait facilement devenir trop petit, souvent il paraîtra, au contraire, trop grand. Ainsi, par exemple, dans le Wurtemberg supérieur, les autorités sont unanimes pour se plaindre de l'étendue trop développée des *héritages* des paysans ; le *ménager* (*Wirth*) est hors d'état d'élever les constructions nécessaires, d'entretenir un bétail suffisant, car il ne peut ni aliéner ni hypothéquer sa possession ; aussi n'en exploite-t-il qu'une fraction ; la majeure partie du terrain reste en friche, alors même qu'elle pourrait être employée d'une manière lucrative. Dans de pareilles circonstances, la simple division de la propriété peut présenter un grand avantage. Rau raconte qu'un domaine d'une étendue moyenne, situé aux environs de Heidelberg, avait été partagé entre trois fils, et que chacun d'eux récoltait plus sur *son tiers* que le père sur l'ensemble [1]. Déjà le vieux Columelle mentionne le cas du propriétaire d'une vigne qui en avait donné le tiers en dot à sa fille, sans voir diminuer le produit, bien qu'il n'eût conservé que les deux tiers. Une autre fille reçut plus tard encore *un tiers*, et celui qui resta au père de famille lui rapporta à peu près autant que le tout qu'il cultivait auparavant [2].

Aux époques de civilisation avancée, quand la culture *intensive* domine, le capital se présente en abondance, soit pour acquérir la terre, soit pour lui ouvrir le crédit nécessaire. Le haut prix du sol engage les propriétaires aussi bien à le vendre qu'à *l'hypothéquer*. Au moyen âge, cela aurait été le moyen d'ébranler la fortune du paysan ou du seigneur ; aujourd'hui, cela peut être la meilleure méthode pour l'augmenter [3].

Plus les méthodes suivies en agriculture sont compliquées et savantes, et moins on peut avoir l'assurance que les connaissances nécessaires se

---

[1] *Archiv.*, t. IV, p. 352.

[2] *Columella*, t. IV, p. 3.

[3] Nous devons citer ici Frédéric le Grand, qui, par la création des *associations territoriales*, a singulièrement facilité le développement du crédit hypothécaire.

transmettront avec l'hérédité. Tout ce qui gêne la libre circulation des biens devient de plus en plus onéreux, aussi bien aux propriétaires qu'aux capitalistes qui recherchent un bon placement. Le maintien de ces entraves équivaudrait à l'interdiction d'améliorer les procédés d'économie rurale, et d'introduire la culture *intensive*.

Aussi a-t-on presque partout, avec le développement de la civilisation, aplani ou écarté les obstacles artificiels, legs du moyen âge [1].

Sauf Malthus, tous les théoriciens, depuis Adam Smith, ont applaudi à ce mouvement de transformation. Ce n'est que dans ces derniers temps, alors qu'on a essayé d'amoindrir ou de remettre en question l'héritage du dix-huitième siècle, que l'opinion contraire a trouvé des défenseurs, au nombre desquels brille le grand nom de Niebuhr.

Gardons-nous, a-t-on dit, de vouloir trop complétement identifier la fortune immobilière et la fortune mobilière ; n'oublions pas que les immeubles ne sont pas susceptibles d'être produits ou consommés, transportés ailleurs ou créés par l'épargne, et qu'ils ne sauraient r mplir par conséquent toutes les conditions propres aux objets qui sont dans le commerce. On attaque, comme réduisant tout à des atomes, la doctrine d'après laquelle l'avantage particulier des individus concorde toujours avec celui de la société, et l'on prétend que dans l'intérêt même des paysans, on ne saurait les émanciper d'une manière complète. La suppression totale des limitations posées par le moyen âge devrait inévitablement conduire à une division exagérée du sol, et par suite à la ruine de l'*ordre des paysans*, et de l'agriculture elle-même.

Ces considérations ont produit de l'effet sur plusieurs gouvernements allemands ; l'Autriche, par exemple, a interdit en 1817 la libre disposition des *héritages* des paysans (*Bauerhof*).

Il peut être vrai que si le morcellement du sol dépasse une certaine limite, la division du travail, la production et la culture intellectuelle en éprouvent un fâcheux contre-coup ; souvent une portion notable du travail humain se trouve condamnée à l'inactivité faute d'occupation suffisante. Les choses se passent de même avec l'élément essentiel du capital agricole, avec le bétail. Qu'un petit *domaine* (*Bauerhof*) entretienne pour l'exploitation et l'engrais quatre chevaux et quatre vaches, la division de l'*héritage* en quatre parties maintiendra une proportion analogue ; mais si le morcellement continue, comme on ne saurait entretenir ni la moitié d'un cheval, ni la moitié d'une vache, tout peut aller en dépérissant.

Les défenseurs de la libre disposition du sol, en majeure partie esprits des plus éminents, soutiennent que la liberté rencontre ici en elle-

---

[1] Le développement de la *civilisation* correspond tellement au progrès de la *culture*, que ce terme est le synonyme de l'autre. Les formes du langage réfléchissent ainsi la nature intime des choses. L. W.

même le meilleur correctif. « En fait, dit Rau, le morcellement des propriétés ne présente aucun danger, car il ne continue dans chaque contrée que jusqu'au point déterminé par l'ensemble des circonstances qui y dominent. » Cependant il signale lui-même, comme une exception qui ne doit pas être négligée, l'ignorance et l'imprévoyance de certains cultivateurs [1]. Bülau pense comme Rossi que les lois de la nécessité disciplinent la libre concurrence, et M. Roscher déclare qu'il est beaucoup plus porté lui-même vers cette opinion que vers le système opposé ; mais il ne se l'approprie que sous certaines réserves.

On peut citer des cas nombreux dans lesquels le morcellement poussé trop loin a provoqué des conséquences déplorables. Il suffit, dit-on, de songer à l'Irlande [2] et à certains districts du Wurtemberg [3]. M. Roscher ajoute qu'il a eu l'occasion de faire des observations analogues aux environs de Göttingue, contrée qui s'éloigne beaucoup sous ce rapport des tendances du reste du Hanovre.

Rau émet l'opinion que le morcellement exagéré peut se rencontrer *pour la location* de la terre, mais rarement *pour l'exploitation directe* du propriétaire. Cependant, en présence de la pleine liberté d'aliénation, les propriétaires ne se transforment-ils pas en fermiers ?

Les idées émanées de l'esprit libéral des villes avaient *émancipé* la

---

[1] Dans un travail spécial sur la plus petite contenance d'un bien de paysan (*über das* minimum *eines Bauerngutes. Archiv.*, t. XIV, p. 145), M. Rau révoque en doute la possibilité d'une fixation légale, et croit qu'on fera le plus utilement appel à la raison et à l'intelligence des petits cultivateurs. Des renseignements complets et des doctrines saines et élevées sur cette question fondamentale se rencontrent dans l'excellent livre de M. Passy : *Des Systèmes de culture en France, et de leur influence sur l'économie sociale.* Il a posé le problème de la *petite culture* dans ses rapports avec le problème de la *population*, en faisant ressortir toute l'importance sociale d'un système qui produit, sans aucun danger, l'accroissement de la population rurale. C'est à cette doctrine que nous nous rattachons pleinement, tout en relatant avec fidélité les restrictions posées par M. Roscher.
(L. W.)

[2] En Irlande, ce n'est pas tant la propriété que la culture des fermiers qui s'est morcelée.
(L. W.)

[3] M. Roscher cite ici l'opinion d'un des savants les plus distingués de l'Allemagne, de celui peut-être qui unit le mieux à la profondeur d'intelligence de ses compatriotes la clarté de l'esprit français, M. Robert de Mohl. Celui-ci envisage en effet la liberté illimitée du morcellement, admise depuis près d'un siècle dans certaines parties du Wurtemberg, comme une cause de décadence, qui, si on n'y apportait aucun remède héroïque, menacerait ces contrées d'une véritable dévastation ; il ajoute que cette conviction est généralement répandue dans ces contrées (*Polizeiwissenschaft*, t. II, § 99). Quelque porté que nous soyons à nous rendre à l'autorité de notre savant collègue et ami, M. de Mohl, nous croyons qu'il n'aura pas suffisamment tenu compte de quelques circonstances temporaires ou purement locales. C'est ici surtout qu'on doit soigneusement éviter de *généraliser les cas particuliers.*
(L. W.)

campagne dès la seconde moitié du moyen âge, dans l'Italie supérieure et centrale. Le paysan était devenu libre, il était affranchi des charges seigneuriales et jouissait de la propriété absolue de son bien. Mais au bout de quelques générations, la plupart des petits propriétaires, en présence d'une population surabondante, de l'accroissement des dettes et de l'émiettement du sol, ne furent plus en état de soutenir la concurrence des grands propriétaires. Des villages entiers furent achetés par les riches capitalistes des villes, et le pauvre paysan dut se trouver heureux de trouver sa subsistance, comme fermier ou comme journalier, sur l'héritage de ses ancêtres. On signale notamment la *campagne* de Rome comme fournissant, si l'on compare son état actuel avec celui qu'elle présentait au moyen âge et dans l'antiquité, le triste et instructif exemple de l'influence que la division des terres a exercée sur la culture[1].

Là où le système du *fermage* a conservé l'ordre des paysans, sur les frontières même de la *Campagna*, à Albano, à Frascati, une riche végétation réjouit les regards.

En général, le métayage, *mezzezia*, domine dans la haute Italie et dans l'Italie centrale. Dans certaines contrées, dans le pays de Lucques, par exemple, le métayer livre au propriétaire les deux tiers de la récolte. Si le signe économique de l'esclavage consiste en ce que le maître recueille une part du salaire dû au travailleur, une pareille condition ne s'élèverait guère au-dessus d'un servage véritable[2].

Dans un pays à population compacte, l'extrême concurrence des bras qui cherchent du travail tendrait à ressusciter une sorte de *glebæ adscriptio*. « Dans les villes, dit Niebuhr, de mauvais artisans et des revendeurs, dans les campagnes, une foule déguenillée de petits fermiers et de journaliers. »

Ces observations s'appliquent au nord de l'Italie ; dans la partie méridionale, le paysan est tout aussi misérable, sous l'influence permanente des institutions du moyen âge. L'émanciper serait lui venir en aide, tandis que les signes de décadence qui se sont manifestés dans certaines contrées du Nord semblent irrémédiables, comme tout affaiblissement fruit de la vieillesse.

La *culture naine* et les *latifundia* ne sont que les deux aspects d'un même état social, comme le *prolétariat* et l'*oligarchie d'argent*. Quand la *culture-naine* a atteint un certain développement, il suffit d'une fa-

---

[1] Ce n'est pas le morcellement du sol qui a dévasté la *campagne romaine* ; une pareille appréciation s'écarte de la sagacité impartiale de l'*école historique*, qui rend compte de toutes les causes, sans mettre l'effet produit sur le compte d'une seule. (L. W.)

[2] L'élévation de la part du propriétaire tient à la richesse du sol et à l'abondance des produits, qui récompensent le travail de l'homme. La nature agit dans ces contrées comme *facteur* d'une grande énergie. (L. W.)

mine ou de quelque autre accident pour précipiter la vente en masse des héritages morcelés. Mais on ne saurait trouver là un remède au mal ; ce qui continue à faire défaut, c'est une *classe moyenne rurale*, élément le plus essentiel de la force nationale, car le sol ne passe guère entre les mains de véritables agriculteurs, mais entre celles des riches habitants des villes.

L'économie politique a deux questions à résoudre, à savoir quel est le point où le morcellement du sol devient excessif, et dans quelles circonstances la constitution territoriale d'un pays court le risque de dépasser ce point d'une manière préjudicable.

La situation la plus avantageuse, sous le rapport politique et sous le rapport économique, est celle qui fait coexister *les grands, les moyens* et *les petits* domaines, mais où la propriété moyenne prédomine. La *production* s'y développe dans tous les sens, avec le plus d'énergie ; la *distribution* s'y fait de la manière la plus équitable et la plus conforme aux tendances supérieures de la société ; la subsistance du peuple y est le mieux assurée. C'est tout comme dans l'Etat : un certain équilibre des grandes, des moyennes et des petites fortunes, ainsi que de la classe supérieure, de la classe moyenne et du peuple (pourvu que les situations intermédiaires l'emportent), garantit le mieux l'ordre et la liberté. S'il n'y avait point de grande propriété, on éviterait difficilement la *culture-naine*, car beaucoup d'hommes, faute d'être employés comme journaliers, seraient forcés d'acheter ou de louer des petites parcelles. Cette concurrence tend à élever tellement le prix du sol, que la culture moyenne cesse d'être suffisamment productive.

Le beau côté des institutions du moyen âge est d'avoir su maintenir en présence la grande et la petite propriété.

Ces dénominations de grande et de petite culture sont essentiellement relatives.

Plus on consacre de capital et de travail à l'exploitation du sol, et plus on perd à *l'aller* et à *la venue* des ouvriers, au transport du fumier, etc., la surveillance devient aussi plus difficile. La culture *intensive* porte donc en elle-même la raison pour laquelle, aux époques les plus avancées, l'étendue du domaine diminue successivement. Kohl rapporte qu'il existe en Courlande *un bien noble* d'environ *trente mille carrés d'Allemagne* de superficie. On trouve dans la Prusse orientale des propriétés de 20,000 arpents, et dans le Mecklembourg, il n'est pas rare d'en voir de 5 à 600,000 verges carrées. Dans la Marche électorale, on regarde comme petites les possessions qui n'atteignent pas 300 arpents, tandis que Sinclair compte en Angleterre, au nombre des grandes exploitations, celles qui ont 200 *acres*. Dans le Brabant, les domaines s'étendent rarement au delà de 100 à 150 *acres* anglais, et dans le pays de Waës, ils sont de 3 à 20 acres ; une ferme au delà de 25 acres est une rare exception. Un travail diligent et l'économie trouvent ici un sérieux encouragement. Aussitôt qu'un jeune ouvrier agricole possède assez d'argent pour acheter une vache et un certain mobilier aratoire, il loue une cabane avec 2 ou 3 acres de terrain, et pratique la culture à la bêche, tout en continuant le métier de journalier : la femme s'occupe à des travaux de filature, de dentelle, etc.; après quelques années, il peut porter successivement sa ferme à 10, à 12 acres, etc.

La diminution de l'étendue du domaine agricole doit passer pour un progrès, aussi longtemps qu'elle donne lieu à l'augmentation du capital et du travail, employés sur une même surface de terrain. Dans le cas contraire, elle fait rétrograder. Il est de règle, qu'à la longue, si la somme de travail dépensé s'accroît seule (comme cela a lieu dans la *culture-naine*), elle ne peut suppléer à la diminution du capital. Un petit paysan sans attelage, dit Schwertz, est dans une plus mauvaise condition qu'un journalier. Il sert deux maîtres à la fois, et celui qui lui donne le salaire, et celui qui lui fournit l'attelage.

Comme tous les symptômes d'une civilisation plus avancée se rencontrent d'abord dans le voisinage des grandes villes et des grandes voies de navigation, c'est là aussi que se développent en premier lieu et avec le plus d'énergie les formes intensives de *culture* : le morcellement peut y être poussé le plus loin, sans danger. Les environs de Londres et de Paris, la vallée de la Garonne et celle du Rhin, les provinces de l'Espagne situées sur la côte, etc., en fournissent le frappant exemple.

Nous avons vu que la *culture intensive* devient plutôt praticable sur un sol riche que sur un sol ingrat; le même principe s'applique au morcellement. En Espagne, par exemple, on préfère les grands domaines, dans les pays secs, et les petits, dans les pays arrosés. Dans une certaine limite, plus le climat est chaud, plus se prolonge la saison de la culture, que la température permet, et moindre est d'habitude l'étendue du domaine. Dans les régions tropicales, rien ne frappe plus le voyageur que la petitesse du terrain cultivé qui se présente auprès de chaque chaumière indienne.

Les contrées industrielles, dans lesquelles domine le système du travail domestique, peuvent, sous le rapport économique, être rangées sur la même ligne que les grandes villes. Le morcellement du sol y est fort avancé; on le voit dans les districts allemands consacrés à l'industrie linière, dans les cantons de Zurich, d'Appenzell, de Saint-Gall, dans les Flandres belge et française, dans le Yorskire, etc. On a depuis longtemps fait ressortir l'avantage qu'un petit champ cultivé en légumes, en pommes de terre, etc., présente à l'ouvrier, sous le rapport de la santé, de la sécurité d'existence, et du contentement dans la vie; enfin, le morcellement peut s'étendre sans danger, là où l'on cultive des produits d'un prix élevé, qui exigent beaucoup de travail. A cette catégorie appartiennent les plantes commerciales, le tabac, la soie, le lin, la vigne, le jardinage, etc. Ces exploitations se rapprochent du domaine de l'industrie.

Le prix élevé des produits peut faire envisager les portions de terrain qui y sont consacrées comme très-fertiles, et la facilité du transport les rend, en quelque sorte, voisines du marché de consommation, deux circonstances qui rendent possible et profitable l'exploitation intensive.

Quant à la question de savoir dans quelles circonstances un pays s'expose à dépasser la limite rationnelle de la division du sol, on peut rassurer les esprits les plus timorés, les plus disposés à voir tout en noir, en citant l'exemple de la Belgique. Depuis longtemps, la propriété foncière y jouit de la liberté d'aliénation la plus absolue, et cependant on ne saurait se plaindre de ce que le morcellement y ait été poussé trop loin. Le tact de la population y est assez exercé pour envisager les domaines réduits à une certaine étendue comme indivisibles, tout comme des pierres précieuses ou des navires, dont les parties disjointes perdraient leur valeur. On y reconnaît pleinement que « tout homme de mer ne saurait devenir capitaine, et qu'on a besoin aussi de matelots et de mousses. » Les enfants préfèrent aliéner *l'héritage* paternel plutôt que de *l'émietter*. Il en est de même en Hollande.

La France sert d'habitude d'épouvantail aux adversaires du droit de libre disposition. Déjà Malthus prédisait que, si les lois actuelles continuaient à favoriser la mobilisation du sol, la France deviendrait dans un siècle le pays de l'Europe le plus pauvre, et soumis au gouvernement le plus despotique. Les belles études de M. Passy sur cette question rendent tout autre détail superflu ; la France prouve le mieux que la libre disposition de la propriété n'en amène pas nécessairement la trop grande division. Nous savons maintenant à quoi nous en tenir sur ces prédictions sinistres qui nous menaçaient de voir la propriété territoriale *réduite en poussière ;* nos lois libérales nous régissent cependant depuis plus de soixante années !

Le morcellement exagéré du sol ne saurait être simplement envisagé comme la cause, il commence, au contraire, par être le symptôme de la décadence nationale. La population agricole, ce sont les racines mêmes de la nation ; les classes supérieures peuvent dépérir comme les branches, les feuilles et les fleurs, d'autres les remplacent. Mais si la racine est pourrie, l'arbre ne vaut plus rien, il n'est bon qu'à être jeté au feu. Tant qu'un peuple sera fort par sa culture intellectuelle et morale, on peut être certain que la population agricole conservera assez de sagesse, de prévoyance et d'empire sur elle-même, pour éviter un morcellement exagéré. *Ce que les lois essayent d'obtenir chez les nations peu avancées est bien mieux réalisé ici par la détermination éclairée des individus.* Ce n'est qu'en se plaçant au point de vue étroit, qui envisage la vie comme une agrégation d'atomes, et la compose d'un ensemble de manifestations isolées, que l'on a pu attribuer la chute des peuples de l'antiquité, des peuples italiens et autres, à la trop grande division du sol. A voir les choses de plus haut dans leur liaison organique, on doit déduire les phé-

nomènes moins importants et particuliers des causes supérieures et générales. Il est vrai qu'en politique comme en médecine, les symptômes du mal aggravent bientôt le mal lui-même.

Pour que la condition économique d'un peuple soit florissante, il faut
une certaine harmonie dans le développement des diverses branches de
la production, un certain équilibre entre les champs et la cité, entre l'a-
griculture et l'industrie. Là où on le rencontre, l'excédant de la population s'écoule sans obstacle dans les villes, en favorisant l'exploitation
intensive à ceux qui restent adonnés aux travaux des champs ; autrement, on court le danger de voir naître le prolétariat agricole.

Tant que le peuple conserve l'amour du travail et la séve de la vie, le
remède est certain ; il suffit d'écarter quelques obstacles pour multiplier
les occupations industrielles ; parfois même, il faudra recourir à la *protection positive*.

Mais si, parvenu à une civilisation avancée, le peuple commence à dé-
cliner, la position est toute différente ; la science médicale ne connaît aucun
moyen de guérir la décrépitude et de vaincre la mort : nous craignons
fort que la politique ne possède pas davantage ce secret. La foule ne veut
pas s'imaginer que les peuples doivent, eux aussi, arriver au moment où
ils s'affaiblissent en vieillissant. Cela doit être considéré comme un bien,
car la conviction contraire pousserait les hommes de pratique ordinaire
au découragement et à l'indifférence. D'un autre côté, on ne peut pas
faire grand' chose pour parer à ce danger. Nous ne cherchons point à le
démontrer, bien que nous ayons pour nous l'analogie de toutes les choses
humaines ; mais nous ne saurions non plus admettre que l'on soutienne
le contraire, sans en donner la preuve. Il est certain que beaucoup de
peuples sont *morts ;* ils ne se sont pas entièrement évanouis, car rien ne
disparaît complétement, même dans la nature inanimée, mais leur iden-
tité a été brisée, et ils ne survivent que comme des éléments de nationa-
lités nouvelles.

On peut admettre qu'un développement national commence, lorsqu'on
se heurte contre les phénomènes d'une civilisation peu avancée, et
contre des institutions qui rappellent le moyen âge ; parce que la science
sociale actuelle ne saurait empêcher ni la vieillesse ni la mort des peuples,
on ne doit pas taxer ces prévisions de vaines chimères, comme cela arrive trop souvent.

Sans doute, on peut user de la recette donnée à Faust par Méphisto-
phélès. Que l'on maintienne religieusement les lois et les relations sociales du moyen âge, les entraves apportées à la libre circulation des biens,
les droits de banalité et de jurande, la limitation du commerce à certains lieux d'entrepôt et aux temps de foire ; que l'on ait garde surtout
d'améliorer en rien les voies de communication ; qu'on supprime tous les
règlements de police, qui peuvent empêcher les hommes de périr par
les guerres privées, la peste ou la famine ; que l'on renonce à toute ten-

dance supérieure, à tout développement de l'intelligence, qui pourrait éveiller dans l'esprit du peuple des besoins nouveaux et qui obligerait à chercher les moyens d'y satisfaire ; que l'on ne songe ni à la centralisation du pouvoir, ni à l'unité nationale. De cette manière, on sera débarrassé et de la civilisation et de ses dangers.

Mais, si l'on a mis une fois le pied sur la voie du progrès, — et on est bien forcé de le faire, quand ce ne serait que pour la sécurité *extérieure*, et, pour ne pas se laisser dépasser et anéantir par les autres nations, — il devient presque impossible de s'arrêter. Pour maintenir, par exemple, aujourd'hui en Angleterre la législation de Guillaume Ier, on devrait avant tout revenir à la population de cette époque, qui était de 2 millions d'âmes environ, et aux besoins rudimentaires de ces temps, où le roi menait une existence moins confortable que celle d'un artisan aisé de nos jours. La production d'alors, chargée de mille entraves, pouvait suffire pour l'entretien de deux millions d'hommes ; mais, dans ces conditions, la population actuelle mourrait de faim.

On a souvent mis en avant l'idée de déterminer un *minimum* indivisible pour le domaine rural (*Bauerhof*). Nous ne parlons pas de l'énorme difficulté qu'il y aurait à trouver une mesure convenable, car un bon cadastre peut donner le moyen d'équilibrer les différences qui proviennent de la situation, de la valeur, de la fertilité, etc. Cependant que réussirait-on à obtenir ? On empêcherait une classe de trop petits propriétaires de naître, mais non celle de trop petits fermiers, ou bien il faudrait soumettre toute liberté d'exploitation rurale à la tutelle absolue du pouvoir. Or, ces trop petits fermiers sont une espèce de prolétaires bien plus dangereuse que les trop petits propriétaires ; ils sont moins attachés au sol, la moindre calamité les précipite bien plus promptement dans l'extrême misère, et ils sont bien plus dépendants des hommes riches. C'est chose connue, que toute classe d'hommes tend d'autant plus à se multiplier, qu'elle se fait une idée moins élevée des conditions indispensables pour fonder une famille. Que le peuple s'habitue à envisager la propriété la plus insignifiante comme nécessaire à l'existence, beaucoup de ceux qui en sont dépourvus renonceront au mariage. Aucun obstacle ne s'élève de ce côté devant les petits fermiers ; l'Irlande est là pour donner à ces craintes la plus sinistre confirmation.

A quoi servent, d'ailleurs, toutes les défenses qui s'opposent au morcellement, quand le propriétaire est libre de mobiliser une partie de son bien, au moyen de l'emprunt ? Si on le lui interdit aussi, on anéantit toute liberté de mouvement dans le ménage des champs. Comment pourrait-on empêcher que les capitaux de la ville n'absorbent les petits propriétaires ? Le moyen âge en venait à bout, en traçant une large ligne de démarcation entre les bourgeois et les paysans. Depuis l'introduction de la liberté de l'industrie et la suppression des redevances féodales, ces distinctions ont disparu.

On ne doit pas non plus envisager ces facilités d'achat et d'agglomération comme une aggravation du mal, mais bien comme un moyen naturel d'y remédier; trop souvent, il ne réussit pas. Il ne saurait être appliqué en grand, sans que la population agricole soit déjà tombée dans la dégradation du prolétariat. Dans l'intervalle, le prix d'achat s'élève si haut que le *fermage* ne saurait suffire comme produit, et les capitalistes aiment mieux employer ailleurs leur argent. Ce n'est que quand les petits propriétaires ne peuvent plus exploiter leurs parcelles que l'acquisition de celles-ci devient une spéculation profitable.

Qu'on ne s'exagère point les résultats d'un pareil acte législatif; s'il n'est pas complétement à dédaigner, il ne saurait agir que comme un simple palliatif. Et c'est un bien, cela nous préserve de beaucoup de mécomptes, car si des lois rationnelles pouvaient préserver tout un peuple de la chute, de mauvaises lois pourraient plus souvent l'y précipiter. Il faut compter, sous ce rapport, sur les tendances permanentes de l'Etat, beaucoup plus que sur des mesures particulières : l'essentiel, c'est la sollicitude active pour le développement intellectuel et moral du peuple, ainsi que pour son progrès économique.

Les biens les plus précieux de la vie ne sauraient être obtenus sans le travail le plus assidu et surtout le plus persévérant. Là où tout le résidu de l'économie rurale du moyen âge n'a pas disparu, on peut recourir au domaine public, aux biens des communautés, etc., pour amener une division meilleure du sol. Çà et là, une émigration bien dirigée peut donner de bons fruits; le plus rarement, et par exception, l'autorisation du gouvernement, pour la division ultérieure du sol.

Nous devons le redire encore : n'empiétez point sur l'œuvre du temps pour hâter la mobilisation de la propriété ! Rien de plus redoutable ni de plus écrasant que de vouloir relier les rapports personnels du moyen âge aux conditions d'exploitation des époques plus avancées. On a cru, en *Russie*, faire quelque chose, en ne permettant qu'aux nobles d'acquérir un domaine avec des paysans; mais n'a-t-on pas la plus grande facilité à se faire anoblir ? L'usurier réussit sans peine, pour de l'argent, à conquérir un pouvoir presque illimité sur des milliers de serfs. L'ancien seigneur conserve des sympathies pour les vieux serviteurs de la famille, pour ses souvenirs de jeunesse; le nouvel acquéreur n'en éprouve aucune. L'absence de tout contrôle, la corruption des fonctionnaires russes, etc., font que l'on réussit à peine à réformer les abus les plus criants.

La seule limitation maintenue s'adresse à l'affranchi, qui ne peut jamais acquérir la propriété où il est né dans le servage; mais la loi, qui interdit de vendre les paysans sans la terre, en faisant un véritable commerce d'esclaves, est facilement éludée, car on aliène *pro forma* en même temps quelques *dessaitines* de terrain. Ici se rencontrent à la fois tous les mauvais côtés de la barbarie et de la civilisation, tandis que des législations mieux appropriées à chaque état de choses peuvent les écarter.

V.

LIMITATION DU DROIT DE PROPRIÉTÉ TERRITORIALE DANS L'INTÉRÊT DE LA COMMUNE.

Aux époques inférieures de la civilisation, les *communes* [1] possèdent une telle puissance et une telle énergie d'individualité indépendante, qu'on pourrait élever un doute sur la question de savoir si on doit les envisager comme des portions de l'État, ou bien si l'État lui-même est autre chose qu'une agrégation de *communes*.

Ceci se manifeste le plus clairement en ce qui concerne la propriété du sol. En Allemagne, en Angleterre, en Danemark, la *commune* était propriétaire, et le cultivateur simplement usufruitier. Lorsqu'un certain nombre de chefs de famille, égaux en droits, s'étaient entendus pour défricher une contrée, ils commençaient par bâtir, au lieu le plus favorablement situé, le village (*Dorf-Town*). La maison, la cour et le jardin entraient seuls véritablement dans la propriété privée ; la terre arable et les pâturages étaient *cantonnés* en autant de parts que l'exigeaient la nature et la situation du terrain, le danger de l'inondation, etc., qui influait sur la classification du sol, sous le rapport agronomique. Chaque *canton* se subdivisait en autant de bandes étroites, aboutissant toutes au chemin qui conduisait au village, qu'il y avait de *membres* de la commune, de manière à ce que chacun pût obtenir une égale étendue du terrain rapproché et éloigné, de bonne et de mauvaise qualité. Tout ce qui n'était pas compris dans ce cantonnement demeurait bien communal. Quand la nécessité d'étendre la culture se faisait sentir, on procédait sur d'autres terrains à un nouveau cantonnement. A cause de la confusion des parcelles, chacun était obligé de régler son exploitation sur celle des autres ; il en résultait des *règlements locaux* qui sont demeurés invariables pendant des siècles, parce que, par exemple, un nouvel assolement aurait nécessité un nouveau mesurage. C'était une espèce de société par actions, avec égalité des actionnaires. César a retracé cet état des choses, poussé à l'extrême [2].

D'après les anciennes lois des États du Nord, l'égalité primitive de chaque localité rurale pouvait être rétablie à chaque instant, en vertu d'une procédure particulière ; aujourd'hui encore, il est des villages dans le haut pays de Trèves, où tous les champs, même les jardins, n'appartiennent à leurs possesseurs que durant six, onze ou treize ans. On les confond ensuite dans une masse commune, dont le *magistrat communal*, élu par les *ménagers*, fait une nouvelle répartition. Les choses se pas-

---

[1] Ce mot est pris ici dans le sens général de communauté d'habitants (*Gemeinde*).
(L. W.)

[2] Cæsar, *De Bello gallico*, IV, 1 ; VI, 22. Il développe des considérations qui trouveraient bon accueil auprès de nos socialistes modernes.

sent ainsi dans les cercles de Merrig, de Saarlouis, d'Othociler [1]. On trouve de même, dans l'*ancienne Marche*, des villages qui se consacrent, *in corpore*, au ménage des champs. Chaque soir, les pères de famille se réunissent chez le maire (*Schultheis*), et décident ce qu'on fera le lendemain; ils se rendent ensemble au travail, et en reviennent tous en même temps [2]. En Irlande et dans les *Highlands* d'Écosse, on rencontrerait peut-être encore des terres affermées par toute une commune, tous les membres étant solidairement responsables vis-à-vis du seigneur pour le payement de la *rente;* jadis ce mode d'exploitation était très-répandu (*Runrig-Partnership-Tenures*). Le partage du terrain se faisait, autant que possible, par portions égales de qualité et d'étendue, de manière à ce que chacun pût avoir du bon et du mauvais terrain, des endroits rapprochés et éloignés : ce partage avait lieu, pour tout le temps ou annuellement, par voie de tirage au sort. Le travail était autant que possible accompli en commun, surtout le labourage; les pâturages demeuraient indivis [3].

Deux questions se lient d'une manière intime à ce que nous venons de mentionner, ce sont celles de l'*exploitation de parcelles confondues*, ou de leur *agglomération individuelle*, de la culture par *village* ou par *domaine*.

Tant que la culture est fort extensive, et par conséquent grossière, l'exploitation commune *par village* et la confusion des parcelles peuvent présenter de grands avantages.

Et d'abord, sous le rapport de la *sécurité*, condition essentielle dans ces temps semi-barbares ; il faut se défendre contre les bêtes féroces, contre les inondations, contre les brigands et contre l'ennemi [4]. Comme la culture *triennale* réunit tous les travailleurs aux mêmes époques, dans le même lieu, ils peuvent plus facilement pourvoir à la défense commune. Un gardien suffit pour la semence, un berger pour le bétail, tandis que sans cela chaque paysan devrait y veiller.

Le fondement véritable de l'État, c'est l'*esprit public* : il faut sentir qu'on a le même intérêt, être prêt à consentir des sacrifices communs; naturellement, cet esprit est fort peu répandu dans les sociétés primitives; il a besoin d'un développement successif. Combien ne doit-il pas profiter de ce que toutes les possessions se relient, de ce qu'on ne peut causer de préjudice à l'une sans que toutes en souffrent?

Là où le village a été fondé par le seigneur, la vie commune des paysans s'explique encore plus facilement. Il importait au seigneur d'avoir ses corvéables dans le voisinage, « comme le berger parque son

---

[1] V. *Schwertz. Haxthausen.* — En Norwége, ce n'est qu'en 1824 qu'on a cessé de procéder périodiquement à la répartition des terrains par la voie du sort.

[2] *Haxthausen-Hannsen.*

[3] Mac Culloch, t. 1, p. 295-523.

[4] Dans le Bengale, le danger que font courir les tigres suffit pour rendre nécessaire l'habitation des villages, Colebrooke, 1806.

troupeau, aussi bien pour le défendre du loup que pour le traire et le tondre plus commodément[1]. »

La cause principale qui pousse à la vie commune du village pendant les périodes peu avancées de la civilisation, c'est la grande facilité qui en résulte pour *la division du travail*.

On ne doit pas s'imaginer que le premier essai de ce genre se soit aussi facilement engagé que nous serions disposés à le croire, d'après nos rapports actuels, fruits d'une longue habitude.

N'est-il pas reconnu, par le même motif, que la colonisation sous forme de villages réussit mieux que les chaumières à la manière de Robinson ? Encore aujourd'hui, dans les pays qui n'ont pas atteint un haut degré de civilisation, et dont la population n'a pas une grande densité, la vie passée dans des héritages isolés produit de mauvais résultats. On ne saurait assez apprécier, à ces périodes primitives de l'humanité, le bienfait de la *veillée*, de la réunion sous l'orme du village, sans parler de la facilité qu'a donnée la création des villages pour la fréquentation de l'église et de l'école, pour l'établissement d'une bonne police, etc.

Qu'on se garde bien de transporter dans ces époques éloignées l'image de nos relations présentes. Le paysan trouve aujourd'hui, rien que par les voyages qu'il fait à la ville, de nombreux points de contact avec le monde ; la facilité du déplacement et des transports exerce une influence aussi grande qu'utile ; la *conscription* tient pour la population une école ouverte, dont on ne saurait assez signaler l'importance. Maintenant, réunir les parcelles de terrain qu'on possède et s'isoler, peut être un excellent moyen pour échapper au tumulte, et pour conserver quelque chose d'individuel au milieu de l'enchevêtrement de tous les intérêts. Mais qu'on ne l'oublie point : l'homme à demi sauvage n'est que trop isolé, simple dans ses idées, volontaire dans ses actions ; le premier effet de la civilisation doit être de poser des limites à ces facilités. Dans le moyen âge, d'ailleurs, l'organisation rurale et l'indivisibilité du terrain, par suite de laquelle les membres de la famille se livraient eux-mêmes aux services accessoires, contribuaient encore à faire de chaque héritage distinct (*hof*) un monde à part.

On est également porté à croire que les intérêts purement économiques de cette époque n'étaient point lésés par la confusion des propriétés. La communauté d'exploitation est bonne, tant que la division du travail n'a pas encore réalisé une forme plus élevée de *communauté sociale*.

Sans doute, les capacités supérieures peuvent se trouver gênées par la *confusion* des parcelles ; mais l'homme faible et simple y rencontre un secours favorable. On signale aujourd'hui, comme les mauvais côtés de ce système : la perte de temps, la difficulté de la surveillance, l'impos-

---

[1] V. List, *Vierteljahrsschrift*, 1842, t. IV.

sibilité de l'emploi de grands capitaux, la quantité considérable de terrain enlevé à la culture par la multiplicité des routes, des sentiers, etc. Il est facile de reconnaître que ces préjudices ne se font sentir qu'au fur et à mesure que la culture devient plus intensive. Au contraire, avec une exploitation *très-extensive*, comme l'on consacre peu de travail à la terre, on regarde moins au chemin à faire, d'autant plus que les terrains les plus éloignés sont consacrés aux pâturages communaux. La surveillance des ouvriers est singulièrement facilitée par la *culture triennale*, qui les réunit tous dans la même *sole*, à la même époque, et leur fait exécuter ordinairement le même travail. Les chemins d'exploitation et les bandes de terre, qui marquent les limites, n'entraînent pas de grands sacrifices, car la valeur du sol est fort exiguë. On n'entreprend encore ni irrigations ni desséchements.

D'un autre côté, quel avantage pour le parcours du bétail, que d'avoir les céréales qui couvrent, sans lacune, un espace de terrain d'une grande étendue, et une jachère également homogène. Cette ressource est d'autant plus précieuse qu'on ne cultive point encore de plantes fourragères, que les prairies artificielles sont inconnues. Là où l'exploitation se divise par petits domaines, sans que la stabulation y soit introduite, la simple nécessité de faire garder les vaches empêche un enfant au moins, par ferme, de fréquenter l'école et l'accoutume à l'oisiveté. Enfin, *la confusion des parcelles* ne donnait pas lieu à beaucoup de litiges à une époque où l'esprit communal et la tradition vivante rendaient les contestations plus rares.

On ne peut donc envisager, dans un état de culture peu avancée, l'exploitation par *corps de ferme* (*hof system*), que comme une exception. Il se rencontre surtout là où la terre est peu fertile, et où le rapprochement sur une surface limitée devient presque impossible aux hommes qui n'exercent pas d'industrie, dans les États scandinaves, par exemple, où la terre labourable n'apparaît de distance en distance que comme un oasis étroit, au milieu de déserts occupés par d'immenses rochers et de vastes forêts. Il en est de même dans plusieurs provinces russes, en Finlande, et dans la plupart des pays montagneux de l'Autriche et de la Suisse.

Une civilisation avancée présente un tout autre aspect : conçoit-on combien il est onéreux en Dalécarlie, par exemple, d'exploiter de petits domaines, qui ne comptent pas moins de trois cents parcelles, disséminées sur l'étendue d'un mille carré? L'*ancien* de la famille peut seul les reconnaître. Aux bords du Rhin il est des possessions de vingt et un arpents, séparées en cent dix-huit parcelles différemment situées.

La confusion des parcelles élève le plus grand obstacle au développement successif de la culture intensive. Comment un cultivateur pourrait-il exploiter une jachère, quand celle-ci forme une espèce d'isthme ou d'îlot, entourée qu'elle est de pièces de terre, livrées au libre *parcours?* Comment pourrait-il produire du lin, du tabac, du houblon, quand, tout autour, le blé vient à pousser, en lui interdisant le passage. La destruction des mauvaises herbes devient impossible là où la paresse d'un seul peut anéantir la prévoyance laborieuse de tous? « Quel homme intelligent, dit List, voudra se porter acquéreur d'un bien qui, morcelé en une infinité de parcelles, le mettra en contact avec une infinité de gens querelleurs? » Partout où les hommes sont réunis, le progrès a l'habitude de s'accomplir, par l'exemple que donnent les plus intelligents, en entraînant le vulgaire à leur suite, et en détruisant les résistances de la paresse et de la routine. L'effet contraire se produit avec *l'enchevêtrement* des terrains ; c'est le moins habile qui ne se contente point de demeurer en arrière, mais qui interdit tout progrès aux hommes mieux doués que lui.

L'agglomération du domaine devient alors le service le plus signalé que l'on puisse rendre à l'agriculture [1]. Combien de paysans n'ont-ils pas réussi, à l'aide de ce seul moyen, à s'exonérer de leurs dettes!

On ne peut plus parler de l'*isolement* des corps de ferme, là où l'on en rencontre de quatre à huit cents dans l'espace d'un mille carré. La vie des champs se simplifie, car avec la multiplicité des points de contact des terrains disparaît la multiplicité des contestations, source fréquente de haines et de procès.

Le danger de l'incendie diminue, et ce fait acquiert une importance très-grande ; dans l'état peu avancé de la civilisation, le bois et le chaume n'ont presque pas de valeur, et les chaumières sont bâties avec la plus grande simplicité ; on y redoute donc moins un désastre si facile à réparer.

La Vendée, les Asturies, la Gallice, les provinces Basques ont assez prouvé l'utilité des *fermes séparées*, pour la défense du territoire ; la Belgique montre quel en est l'immense profit économique. C'est déjà un grand motif d'émulation que de pouvoir, dans des champs arrondis, reconnaître ceux qui appartiennent aux bons et aux mauvais cultivateurs. En Amérique, on remarque que les colonisations par *villages* réussissent plus vite, mais que les exploitations isolées prospèrent davantage, une fois qu'elles ont surmonté les premières difficultés.

---

[1] Il ne faut pas cependant se prononcer ici d'une manière trop absolue. On s'étonne souvent de voir les paysans diviser entre eux les diverses pièces de terre d'un modique héritage, au lieu de s'attribuer réciproquement des pièces d'un seul tenant. Cela n'est pas toujours aussi déraisonnable que cela le paraît au premier aspect. Les divers lots peuvent contenir des terrains propres à divers genres de culture, qui assurent au paysan un travail successif, tout le long de l'année. Ils peuvent aussi être exposés d'une manière différente, de façon à compenser entre eux, par le résultat commun, l'influence des variations de la température, de la sécheresse, des orages, etc. Dans ce cas, chaque propriétaire conserve les éléments de cette espèce d'*assurance mutuelle* entre les parcelles qu'il exploite. (L. W.)

L'agriculture de l'Allemagne s'était élevée plus haut, presque sous tous les rapports, au seizième siècle, qu'au dix-septième et pendant la première moitié du dix-huitième. Le grand nombre de villes riches et éclairées qui existaient alors exerçait l'influence la plus favorable sur le bien-être et la culture des contrées environantes. Cette bonne situation des paysans se révèle par la multiplicité des tentatives d'émancipation, qui ont agité le commencement du seizième siècle. On ne doit pas se laisser induire en erreur par le courant des plaintes qui éclatent à cette époque; le sentiment profond de l'oppression, et l'effort énergique fait pour secouer le joug, sont des symptômes de force bien développée, car les hommes qui sont écrasés ne songent même pas à réclamer. On s'occupa de supprimer les charges foncières, d'agglomérer les domaines, etc. Ces tendances durent s'assoupir avec la diminution générale de la richesse.

Les guerres de religion et les résultats de la politique intérieure et extérieure, qui en furent le fruit, ont rejeté l'Allemagne de plusieurs siècles en arrière. Aussi n'y a-t-il rien d'étonnant à ce que la confusion des terrains ait repris le dessus dans la plupart des localités. La quantité innombrable d'emplacements d'habitations et de villages détruits et changés en vastes solitudes, dans le nord de l'Allemagne, montre qu'avant la guerre de trente ans, ces espaces étaient occupés par beaucoup d'héritages détruits, entremêlés à de petits villages. Cette guerre rendit la concentration des demeures plus nécessaire. Dans le Palatinat, les dévastations de Louis XIV ont fait abandonner les fermes isolées ; les villages tracèrent une enceinte de fossés, là ils n'élevèrent point de murailles pour leur défense.

L'*Etat* commence d'habitude par posséder un vaste domaine ; de même la *commune* débute par avoir des *terres communales* d'une grande étendue. Les pâturages communaux méritent ici une attention particulière. Ils tiennent le milieu entre la vie nomade de la période de la *chasse*, pendant laquelle tout le territoire n'est qu'une vaste friche, et la *stabulation* pratiquée dans les Etats plus avancés. En hiver la *stabulation*, en été le pacage nomade, tel est le régime qu'ils introduisent.

Tant que l'esprit communal continue de subsister dans sa fraîcheur et dans sa force, les particuliers n'éprouvent aucun embarras de cette *jouissance* commune. Si le pâturage est surabondant, l'égoïsme des uns n'empêche pas les autres d'en user à leur suffisance, surtout lorsqu'il n'existe encore aucun commerce actif, qui invite le cultivateur à entretenir beaucoup plus de bétail qu'il n'en faudrait pour ses propres besoins. La culture *extensive* nécessite la possession de pâturages étendus, et se prête avec économie à cette organisation; on peut aussi transformer en pâturage tout le sol le moins propre à la culture et situé le plus loin. Pour ne pas gêner l'exploitation, on consacre à la nourriture des bêtes de travail un petit pâturage *commun*, situé derrière les maisons et les jardins, puis viennent les champs, et enfin le pâturage communal, proprement dit. Aux époques avancées, quand on reproche à ce mode de pâturage d'occasionner une perte notable du fumier, on oublie que les systèmes primitifs de culture ne demandent que peu d'engrais.

L'utilité des pâturages communaux persiste, tant que la *culture pastorale* est en harmonie avec les circonstances générales. Plus tard, le pâturage communal devient le principal obstacle à l'introduction successive de la culture *intensive*.

Du moment où le pâturage cesse de s'offrir avec surabondance, et cela arrive d'autant plus vite, que personne n'est intéressé à faire des améliorations qui ne pourraient lui profiter que pour une minime partie, chacun essaye d'empiéter sur autrui, par le nombre du bétail entretenu. Les animaux, ne trouvant plus une subsistance suffisante, arrachent une foule de plantes avec leurs racines, et en écrasent beaucoup en piétinant. Le pâtis est torturé de mille manières.

On empêche difficilement les bêtes mal surveillées de céder trop tôt à l'instinct de la reproduction, et les races s'abâtardissent. Les oies, qui provoquent chez beaucoup d'animaux un dégoût insurmontable, causent plus de dommages qu'elles ne peuvent rapporter de bénéfices ; il en est de même des porcs. Mais personne ne les empêche de vaguer, tant que le voisin ne le fait pas : le cultivateur intelligent et soigneux est l'esclave de la majorité.

De l'avis de *Schwerz*, rien n'entretient plus l'indolence et ne nuit davantage à l'agriculture que de grands pâturages communaux. Les villages les plus enviés à cause de *cette richesse* sont ceux où la paresse, la misère et les mœurs grossières dominent le plus généralement. Le petit bourg de *Brillon*, en Westphalie, présente à cet égard un curieux spectacle ; il entretient 3,000 vaches, 10,000 moutons et 2,000 chèvres ; mais il faut que les vaches fassent chaque jour deux à trois heures de chemin pour aller aux pâturages, et autant pour en revenir. Aussi est-il nombre de familles qui possèdent six vaches, et qui seraient obligées d'acheter du lait si elles n'élevaient point de chèvres. Un seul marchand a dû apporter du dehors et vendre dans cette localité, en un an, plus de 9,000 livres de beurre.

Personne n'osait planter de haies vives ni d'arbres fruitiers, par crainte des dégâts causés par les chèvres.

Les pâturages communaux contribuent grandement à étendre la plaie du prolétariat rural. Combien de *petites gens* qui ne tirent leur subsistance que d'un coin usurpé du *communal!* Cela pouvait être profitable jadis ; on augmentait ainsi le nombre des journaliers, qu'il était difficile de se procurer. Aujourd'hui l'oisiveté et le vol, voilà tout ce qui en résulte ; car ces malheureux, qui ne sauraient régulièrement entretenir leur bétail durant l'hiver, ni même pendant l'été, le font vivre aux dépens de tous.

Aussi, une bonne loi de partage des communaux, qui ne risque point de sacrifier l'intérêt général à l'arbitraire individuel, est-elle au nombre des meilleures mesures que l'on puisse prendre pour faire passer la culture des échelons moyens aux échelons supérieurs de l'exploitation rurale. Seulement, il ne faut pas trop se hâter, ni trop généraliser ce procédé. Le *partage* n'est profitable que si l'on a la volonté, et si l'on est en position d'entreprendre une culture *plus intensive*. Si l'on ne fait pas marcher du même pas la suppression des servitudes, l'agglomération des héritages, etc., le cultivateur gagne du terrain, mais il perd du fumier, et c'est là une des plus grandes fautes que l'on puisse commettre dans une agriculture perfectionnée. Aussi, en Angleterre, englobe-t-on sous le terme *inclosure* la suppression des communaux et des servitudes de pacage, le partage et l'agglomération des terrains.

Dans les contrées qui se consacrent à l'élève des chevaux, des partages imprévoyants peuvent complétement anéantir cette branche lucrative de la production.

Le fermier peut être ruiné, s'il a compté sur l'usage du *communal*, et si le propriétaire utilise à son profit la part qu'il a obtenue.

Le défrichement ne doit aussi procéder que par degrés, afin de se maintenir en rapport avec les ressources de l'économie rurale. Rien n'est plus fatal que des entreprises de cette nature, entamées hâtivement avec des moyens d'action insuffisants et des instruments imparfaits. Le triste exemple de la plupart des colonies agricoles, de celles de la Hollande, par exemple, doit servir de leçon. Le peu de fertilité du sol empêche ou retarde l'introduction de systèmes de culture savante et compliquée. Il en est de même du partage des communaux ; ceux-ci doivent être également conservés, là où la charrue pourrait, dans les terrains en pente, détruire la végétation qui empêche les éboulements, et là où l'on est exposé à des inondations périodiques. Tel est le cas, pour la plus grande partie, des pâturages des Alpes, surtout de ceux qui sont placés dans les régions plus élevées. On doit alors se contenter de mieux régulariser la jouissance commune, procéder à des *cantonnements*, séparer les diverses espèces d'animaux, de manière, par exemple, que les moutons ne détruisent point la subsistance des bêtes à cornes, etc., supprimer les eaux stagnantes, détruire les taupinières et les mauvaises herbes, surtout les chardons, etc.

On ne saurait non plus se passer facilement des communaux dans les pays où tous les paysans sont de petits cultivateurs qui se livrent à la production des plantes *commerciales*.

Les servitudes de pacage, exercées mutuellement par les membres de la commune, dérivent du système de la possession commune des terres ; celles qui appartiennent au seigneur sont un vestige du *domaine éminent*.

Personne n'ignore combien cette institution exerce une action nuisible au milieu d'une civilisation avancée ; la jachère fait obstacle aux procédés perfectionnés. Les cultures qui occupent le sol plus longtemps que le blé, et notamment les plantes commerciales, ne sauraient s'accommoder du *parcours*. Le pacage détruit et écrase l'herbe beaucoup plus qu'il ne nourrit le bétail ; il serait trop long d'en détailler ici tous les inconvénients.

Mais chacun comprend aussi que ces inconvénients ne sauraient se révéler tant que règne le système *triennal*, ou tant que des modes de culture encore plus *simples* sont à l'ordre du jour. La suppression des servitudes de pacage, sans l'agglomération des parcelles, ne serait utile que si l'on adoptait immédiatement la *stabulation*. Dans beaucoup d'endroits, les paysans ont eux-mêmes provoqué l'établissement du *parcours*, afin de profiter du fumier ; et dans les temps anciens, on ne sait si l'on doit envisager le droit de parquer les moutons comme une servitude ou comme un avantage.

La *mesta* espagnole passe aujourd'hui avec raison pour une entrave intolérable ; obstacle aux irrigations et aux plantations, destruction des blés et des raisins, juridiction privilégiée, tout concourt à rendre cette servitude des plus onéreuses. Et cependant quand elle a été établie pour réunir les pâturages communaux et des servitudes de pacage, en formant une vaste corporation des usufruitiers de toute l'Espagne, elle répondait à un besoin de l'époque. Au point où en était l'Espagne, durant le quatorzième et le quinzième siècle, l'élève des moutons était très-profitable, surtout après les ravages de la peste, qui avait dépeuplé ces contrées vers le milieu du quatorzième siècle. C'est de ce temps que date la *mesta*. Veut-on entretenir les moutons dans l'Espagne centrale, il importe de pouvoir les déplacer ; ils pourraient aussi difficilement supporter l'hiver des Asturies que l'été de l'Estramadure. On ne doit pas oublier que les provinces étaient reconquises peu à peu sur les Maures ; l'absence de sécurité nécessitait une formation de *corporation*, pour conduire aux relations mieux assises des temps ultérieurs. Dans le fait, les priviléges de la *mesta* s'établirent d'eux-mêmes successivement, en vertu de la coutume ; ils ne commencèrent à devenir nuisibles que du moment où, en 1544, ils furent réglés par la loi, c'est-à-dire du moment où ils eurent besoin d'une protection artificielle, pour résister à l'influence de nouvelles relations sociales.

Il en est de même des servitudes de chasse, qui sont des plus oppressives, en présence d'une culture avancée, surtout avec des héritages agglomérés. Leur suppression devient alors urgente, car les chasseurs détruisent les haies, dérangent les barrières qui contiennent le bétail, etc. Jadis, au contraire, non-seulement les pertes qu'entraîne le droit de chasser avaient peu d'importance, mais encore il était de l'intérêt du cultivateur que l'on chassât pour détruire les animaux sauvages, les bêtes malfaisantes et le gibier parasite.

Les indications que nous avons développées rendent suffisamment compte de la répulsion qui règne aux époques de civilisation avancée, à l'égard des *biens de mainmorte ;* les causes économiques ont grandement influé sur·la sécularisation des possessions du clergé. Les dépositaires temporaires des droits d'exploitation des *biens de mainmorte,* privés du droit d'aliénation et dépourvus de l'intérêt de la propriété, ne peuvent que rester en arrière des exigences du temps pour l'application, de plus en plus large, du travail et du capital ; ils exploitent avec négligence ou ils épuisent le sol.

Combien les circonstances au milieu desquelles on vivait au moyen moyen âge ne diffèrent-elles pas, sous ce rapport, des circonstances actuelles ! Toute diversité d'emploi diminue à mesure que la culture s'exerce d'une manière plus extensive. On ne pouvait songer alors à doter les églises, les écoles, les universités, les établissements de bienfaisance, autrement qu'en·terres, sans parler de la plus grande sécurité que présentait la possession ·des immeubles, comparée à celle des *capitaux* ou des *rentes.* Le sol n'exigeait pas encore d'exploitation très-soignée, très–énergique. Ce qui était le plus nécessaire, c'était de donner l'exemple et de faire germer les idées ; l'agriculture ne pouvait se perfectionner, sans que le développement de l'intelligence vînt créer de nouveaux besoins, en fournissant les moyens d'y satisfaire. C'est pour cela que les couvents furent le berceau de tous les progrès réalisés par la culture du moyen âge ; ils furent une véritable école, et ils convertissaient aux meilleurs procédès d'exploitation du sol, comme aux aspirations de l'âme. Les missionnaires qui plantèrent la croix en Allemagne furent aussi les apôtres du progrès en agriculture ; la division du travail prit naissauce dans les couvents, sous une forme plus intelligente. Le clergé ne se livrait point aux guerres privées comme la noblesse ; il n'imposait pas un service militaire aussi onéreux à ses colons. *Il est bon de vivre sous la crosse* était le proverbe favori du moyen âge. La plupart des travaux d'irrigation, surtout aux environs de Milan, sont dus à des religieux. La Belgique septentrionale a été presque en totalité colonisée par les couvents. L'abbaye de Tangerloo a fondé à elle seule soixante-dix paroisses, dans les terres·incultes du Brabant, en affermant tous les défrichements nouveaux.

On ne saurait le méconnaître : chez tous les peuples, le pouvoir spirituel, les prêtres ont répandu les premières semences de la civilisation matérielle et intellectuelle. Ils ont introduit la trêve de Dieu ; les premières foires et la fondation des premiers marchés se relient aux fêtes de l'Église, les pèlerinages ont ouvert les voies du commerce du monde ; les *banques* remontent à un établissement charitable, et presque tous les métiers se sont d'abord développés dans les siéges épiscopaux [1].

---

[1] M. Roscher a publié en 1848, dans le *Journal historique* de Berlin (*Zeitschzift für Geschichtswissenschaft*), des considérations sur le *socialisme et le communisme,* qui présentent un vif intérêt. Il s'est attaché à montrer comment, aux

VI.

LIMITATION DE LA PROPRIÉTÉ DANS L'INTÉRÊT DU DROIT DOMANIAL.

Le mode le plus avantageux d'exploitation pour les domaines plus considérables, c'est, à défaut de l'administration directe, par un propriétaire intelligent et aisé, mais pas trop riche, le *bail à ferme* ; il faut seulement que le fermier soit placé sur la même ligne que le propriétaire que nous venons de mentionner, quant à l'aisance, à l'intelligence, et quant au libre emploi de ses ressources.

Ces conditions ne peuvent se réaliser que successivement ; la Toscane les a connues dès le treizième siècle. En Angleterre, où une paix séculaire n'a pas été détruite par les invasions et n'a que rarement été interrompue par des guerres civiles, tous les genres de développement matériel ont prospéré de bonne heure, et l'on y comptait déjà, vers la fin du moyen âge, de nombreux fermiers. Les baux à ferme ont été généralement pratiqués pour les biens seigneuriaux, dès le milieu du dix-huitième siècle. En France, en Espagne, il n'en est pas encore de même. Une grande partie du sol est livrée au métayage.

Henri VII supprima en Angleterre le droit, jadis universellement exercé par le seigneur, d'expulser à tout moment les fermiers, moyennant une modique indemnité ; sur le continent, cette prérogative s'est maintenue beaucoup plus longtemps. Le droit de l'héritier de révoquer le bail n'a disparu que plus tard encore, et, dans beaucoup de pays, il est admis que *vendage passe louage*. En France, ce principe n'a été aboli que par l'influence des idées des physiocrates, et dans les provinces Rhénanes, par l'influence des lois françaises.

En Pologne, la plupart des baux ne se contractent que pour trois ans, tandis que dansles Flandres la durée ordinaire est fixée de neuf à dix-huit ans, quant à l'obligation du bailleur, le locataire pouvant, dans beaucoup de localités, dénoncer le bail de trois ans en trois ans ; en fait, il se continue pendant un siècle et au delà. En Angleterre aussi le propriétaire fait très-rarement usage du droit de dénonciation qu'il possède vis-à-vis

---

époques peu avancées, dominent des institutions fort rapprochées de la communauté des biens. A mesure que la production s'accroît, que la situation économique de la société s'améliore, la propriété individuelle se dégage de plus en plus dans toute la pureté de ses principes. Le domaine *éminent* de la famille et de la commune constitue une sorte d'état intermédiaire entre la communauté des biens et la pleine organisation de la propriété privée. Rien de plus vieux que les institutions dont les socialistes se sont imaginé avoir fait la découverte. La France comptait au moyen âge une foule de *communautés rurales*, dont quelques-unes se sont maintenues jusqu'à nos jours, et les *communautés russes* reproduisent, dans des circonstances analogues, cette image du passé. Les apôtres du *communisme et du socialisme* ont confondu l'avenir avec l'enfance de la société. (L. W.)

des *tenants at will*; celui qui s'en servirait sans nécessité ne manquerait pas d'encourir l'animadversion générale. Néanmoins, ce mode de relations entre le propriétaire et l'exploitant est loin de favoriser les améliorations de culture, comme le font les *leases* d'Ecosse, avec garantie pour dix-neuf à vingt-un ans.

On se plaint souvent en Angleterre de ce qu'un *tenant at will*, qui exploite le sol d'une manière tout à fait remarquable, s'expose à la haine des autres *tenanciers*, car ils craignent que le seigneur n'en exige autant d'eux, et n'arrive ensuite à élever le prix du bail. Suivant Sinclair, l'acre qui produit 20 schellings annuellement avec la tenure *at will* en produirait 40 avec un bail de vingt-un ans. On a pu remarquer en Ecosse que dans les contrées où les *leases* n'étaient pas pratiqués, l'agriculture était demeurée à peu près stationnaire.

Mais la nécessité et même la possibilité de ces formes intelligentes du fermage ne se manifeste que dans les époques de culture avancée. Le fermage, proprement dit, ne peut être payé que sur la rente du sol, et celle-ci ne s'accroît que dans les pays civilisés ; il faut en dire autant de l'existence d'une classe moyenne, qui possède assez d'intelligence et de ressources pour entreprendre l'exploitation de fermes considérables. Tant que les fermiers restent pauvres et ignorants, on ne saurait demander au propriétaire qu'il aliène pour un grand nombre d'années son droit de libre disposition et de surveillance. D'un autre côté, moins on pratique la culture intensive, moins on y consacre de capital, et moins aussi le fermier a besoin de s'assurer une jouissance prolongée.

L'avantage principal du bail à long terme est de permettre au fermier d'employer son propre mobilier agricole et son propre bétail (*Inventar*) à l'exploitation. Comme il ne saurait ni l'acquérir ni le vendre en bloc, les années intermédiaires sont celles où il en réunit le plus; il faut donc qu'elles se multiplient pour donner un bon résultat.

L'on ne saurait condamner le *cheptel de fer*, dans la culture extensive ; les inconvénients de ce contrat se manifestent à une époque de culture plus avancée. Quant à la cessation du bail, les experts estiment trop bas les objets d'une valeur tout à fait supérieure, les animaux de race, les semences soigneusement choisies, les instruments aratoires d'une qualité exceptionnelle, etc.; cela doit nécessairement décourager l'esprit de progrès. Cependant qu'on ne l'oublie pas, on ne pratique guère d'améliorations dans les systèmes arriérés de culture.

Quand un mode d'*assolement* est introduit, il faut que le fermier puisse parcourir au moins une fois la rotation tout entière ; autrement, il laisserait le sol plus riche ou plus épuisé qu'il ne l'a pris. Ainsi, tout système perfectionné de culture provoque la prolongation de la durée des baux.

Aussi longtemps que l'économie nationale et domestique se base sur les prestations en nature (*Naturalwirtschaft*) plutôt que sur le payement en argent (*Geldwirtschaft*), on préfère administrer au moyen de régisseurs, plutôt que de souscrire un bail. Afin que leurs récoltes ne soient pas endommagées ou perdues, les princes sont obligés de séjourner successivement dans leurs domaines, et d'y consommer les produits sur place. Les traitements, les dotations consistent en terres ou en prestations. Il est facile d'apercevoir comment cet état des choses se relie, comme effet et comme cause, à l'absence de toute centralisation.

Ce mode d'administration du domaine a été suivi en Allemagne jusqu'à la fin du dix-septième siècle. Aujourd'hui, on lui reproche avec raison d'entraîner l'Etat à confier à des tiers la gestion d'un capital de roulement considérable ; il devient aussi presque impossible de pourvoir sans cesse aux exigences croissantes d'une exploitation bien conduite. Ces deux motifs d'embarras ne se rencontraient pas dans la culture *extensive*. Un contrôle exact, exercé par l'Etat sur tout le cours de la gestion administrative, rendrait l'exploitation *progressive* presque impossible. Il en était autrement avec le système triennal, du moins dans sa forme primitive, qui devait maintenir invariablement la même routine, durant des siècles.

Sous le régime de l'administration directe, le produit du domaine varie d'année en année, ce qui ne se concilie nullement avec les exigences actuelles de l'administration financière, qui a besoin de calculer à l'avance le montant des revenus. Or, cet inconvénient n'existe presque pas, quand on pourvoit *en nature* à presque toutes les nécessités de l'administration publique.

Ici encore se vérifie le principe, que l'on ne saurait appliquer les règles d'un état avancé de civilisation sans avoir secoué les traditions d'une autre époque. Là où les corvées, le servage et les autres institutions du moyen âge continuent de se maintenir, le véritable bail à ferme, celui passé avec le dernier enchérisseur, pourrait amener des résultats fort rigoureux ; car on ne saurait refuser à celui qui doit diriger le travail un pouvoir disciplinaire sur les corvéables et sur les serfs. S'il était forcé de recourir à un juge pour réprimer tout acte de paresse ou de mauvaise volonté, il serait perdu.

Le bail à ferme ne devient possible pour les terres très-peu fertiles qu'au milieu de la culture la plus avancée.

Si nous passons aux *manses rurales* (*Baüer hofen*), l'on sait que beaucoup d'entre elles n'étaient pas héréditaires au moyen âge. Là même où primitivement le droit de possession se transmettait par succession, ce principe s'obscurcit dans le cours du temps, en partie à cause de la décadence de l'ordre des paysans, en partie sous l'influence du droit romain, qui éteignit successivement chez les jurisconsultes les traditions du droit germanique. Notamment, on fut porté à envisager comme simple bail à ferme, quand on ne pouvait pas les classer dans la catégorie de l'emphytéose d'une durée limitée, beaucoup de modes de relation territoriales dont on ne comprenait plus le sens.

Aux temps modernes nous voyons, par contre, le droit d'hérédité généralement reconnu. Beaucoup de lois défendent l'expulsion des paysans, sauf certains cas de mauvaise exploitation, d'insubordination grave, etc., ou du moins elles la rendent plus difficile, en ne permettant pas la réunion au domaine seigneurial de la terre possédée par le paysan.

Cette transformation a suivi, pas à pas, les progrès de la culture ; plus celle-ci devient intensive, en exigeant l'emploi d'avances considérables, et plus vivement se manifeste le besoin de l'hérédité.

Il en est tout autrement dans les âges inférieurs de la civilisation et de l'agriculture, quand la terre surabonde, tandis que les bras manquent. Alors ce n'est pas le paysan qui a le plus d'intérêt à rester attaché au sol, car son travail sera partout le bien-venu, c'est le seigneur qui s'efforce de le retenir. Dans ces temps, il est beaucoup moins nécessaire d'assurer au paysan la permanence de sa possession, que de lui garantir la liberté de mouvement. Là où la *glebæ adscriptio* a été supprimée, les mêmes tendances persistent, et le paysan ne peut quitter sa *manse*, qu'à la condition de fournir un remplaçant convenable.

Le besoin de l'*hérédité* se fit naturellement sentir, d'abord à l'égard des grands domaines, car leur exploitation exige plutôt des avances considérables, à cause de leur étendue même ; or, le capital ferait entièrement défaut, si la possession demeurait incertaine. Il est donc tout simple, indépendamment des causes politiques, de voir que dès le huitième siècle, il devint périlleux d'enlever violemment aux vassaux les fiefs et les bénéfices. L'hérédité des tenures féodales, légalement proclamée, contribua d'une manière efficace à l'essor de la richesse publique, que l'on constate en Italie et en Allemagne, à l'époque des Croisades.

La plus pesante entrave imposée à la culture du paysan, ce sont les *charges réelles* qui le grèvent. On peut, pour plus de clarté, les ranger sous deux catégories, selon qu'elles appartiennent au *droit privé* ou au *droit public*. Les premières ont d'ordinaire le caractère d'un prix de ferme ou d'une rente ; les autres, celui de l'impôt ; dans le doute, il faut se prononcer en faveur du *droit public*, car le droit seigneurial doit s'appuyer sur un titre, sur un contrat, sur la prescription, etc.

La presque totalité des charges réelles qui appartiennent au droit privé proviennent du servage ou d'une convention, librement consentie, de *bail* ou d'*engagement*. Celles qui ont le servage pour point de départ se sont successivement adoucies, au fur et à mesure des progrès de la culture. Dans l'origine, le seigneur avait la libre disposition du temps et de l'avoir de l'*homme lige*. « Le serf, dit la glose du *Miroir de Saxe*, vit pour servir et sert pour vivre. » Peu à peu les mœurs réglèrent cet état des choses ; l'*homme lige* fut astreint à un travail déterminé sur la terre domaniale, et à des redevances fixes.

A la mort de l'*homme lige*, le seigneur héritait primitivement de tous ses biens, meubles et immeubles. Ce droit se restreignit de plus en plus, en ce qui concerne les meubles, et en ce qui concerne les immeubles, il se transforma en droit de *lods* (*laudemium*), c'est-à-dire au payement d'une fraction de la valeur, au cas de mutation d'une tenure. Ce qui contribua le plus à relever la condition des *hommes liges*, c'est l'analogie de plus en plus étroite qu'on établit entre leur droit à *l'héritage* et le droit au *fief* du noble.

Les charges sont nées aussi d'une convention de *bail*, librement débattue, là où elles émanent d'un contrat. Beaucoup de villages ont été fondés par les seigneurs, uniquement dans le but de s'assurer les prestations en nature. Ils établissaient de petits *héritages* pour les corvées simples de l'homme, et des héritages plus étendus pour les corvées avec attelage. Les seigneurs se comportent beaucoup plus doucement vis-à-vis de ceux qui sont à leur merci, et qui n'ont aucune idée d'une résistance quelconque, comme *les serfs*, qu'avec les hommes libres, qui se trouvent, il est vrai, dans leur dépendance, mais qui peuvent réclamer, en vertu de droits fondés sur des contrats. Aussi les charges des paysans libres furent-elles plus souvent aggravées que celles des *hommes liges*, et leur exécution fut toujours beaucoup plus durement exigée.

L'Etat ne réussit que beaucoup plus tard et beaucoup plus difficilement à rendre *héréditaire* le bail librement consenti, que la possession du serf.

Quant aux charges qui ont une origine publique, les plus anciennes dérivent de l'organisation financière de l'empire Carlovingien, comme, par exemple, l'obligation de nourrir et de transporter les princes, les dignitaires et les soldats, de faire des *dona annualia*, etc. ; elles ont pris, sous le règne féodal, le caractère de *droits domaniaux*. En même temps, le seigneur imposa de nouvelles charges pour le droit de *justice*, pour l'exonération du service militaire, et beaucoup d'autres.

La *dîme*, la plus importante de toutes les charges réelles, est-elle de droit privé ou de droit public ? C'est là une question depuis longtemps débattue. Suivant **M. Roscher**, dans tous les pays anciennement romains, à l'exception de l'Espagne et de l'Angleterre, la majeure partie des dîmes a le droit privé pour origine. Personne ne saurait nier que, dans nombre de cas, ces charges ont été injustement établies ; mais quel est le droit humain dont on pourrait impunément soulever les voiles ? Si, au milieu d'une civilisation avancée, la ruse domine, au moyen âge, c'est la force. On ne saurait considérer ces charges comme moins justifiables que toute autre convention. On les a stigmatisées comme un signe de servage, mais elles ont aplani la voie pour abolir peu à peu le servage et pour transformer la possession des *colons*, qui pouvaient être expulsés à volonté, en propriété héréditaire.

Les droits domaniaux ont été primitivement des *impôts*. Quand ils sont passés des mains de l'Etat entre les mains des seigneurs, pendant l'époque féodale, les devoirs et les services *de l'État* ont suivi le même mouvement. S'ils ont été augmentés plus tard, c'est qu'aussi les obligations du pouvoir se sont accrues pour la police, la distribution de la justice, l'administration, l'enseignement, etc. L'Eglise, la noblesse et les villes en ont été affranchies, parce que, pour la première, cette exemption constituait une partie du traitement, et que la noblesse était assujettie à un service militaire fort coûteux. *Le noble payait avec son sang et non avec son bien.* La plupart des villes se sont libérées successivement de ces charges, à mesure que leur force militaire s'est développée.

Ces charges s'acquittaient en *prestations* de travail ou en *produits* et non en *argent,* par la même raison qui faisait prévaloir, dans les finances de l'État, le système des *domaines* sur l'impôt, qui attribuait des *dotations* au lieu de *traitements*, et qui, dans le *commerce*, rend *l'échange* plus ancien que *la vente.* Aux époques arriérées convient mieux une économie *naturelle ;* aux époques avancées, une économie *métallique.* Tant que les capitaux manquent, tant que le sol et le travail personnel constituent presque toute la richesse, ils sont aussi les seules matières imposables.

Au moyen âge, lorsque chacun, du moins à la campagne, consomme ce qu'il produit lui-même, les *redevances en nature* sont les moins onéreuses pour celui qui les acquitte, et les plus convenables à celui qui les perçoit. Pour faire de l'argent, le producteur s'épuiserait à chercher un marché et réciproquement.

Le luxe, au moyen âge, consistait à entretenir une nombreuse suite ; il exigeait, par conséquent, une large consommation des produits du sol. Alors qu'il n'existait aucune centralisation, personne ne songeait à dépenser ses revenus à une grande distance.

La *dîme* est, en présence d'une culture peu développée, le mode le moins onéreux et le plus commode de percevoir l'impôt. Quand la récolte est mauvaise, le paysan donne peu ; quand elle est bonne, il donne beaucoup, et s'acquitte toujours au temps et sous la forme qui lui conviennent le mieux ; on n'a pas besoin de songer ici aux *dégrèvements* ni de subir des *arriérés.*

Qu'on s'imagine une île de l'océan Pacifique où *on n'a besoin que de cueillir le pain sur l'arbre.* Les frais de production se bornent à la dépense qu'entraîne la récolte, et l'on peut parler de quelque 90 pour 100 de produit net. La *dîme* n'enlèverait pas la neuvième partie de ce produit. C'est le motif pour lequel nous voyons appliquer chez tous les peuples peu avancés les redevances *aliquotes.*

Il en est de même des *corvées.* La culture *extensive*, pratiquée par le paysan d'alors, ne demande que peu de travail ; c'est de *force* et non d'argent qu'il peut disposer. Nous voyons encore dans des temps moins reculés les efforts des cultivateurs, qui tendent à substituer la *corvée* à quelques rares payements en numéraire. Des faits analogues peuvent être signalés de nos jours, et la préférence que manifestent certaines contrées de la France, où l'on répugne à racheter, par des centimes additionnels, les prestations en nature, en fournit l'exemple. Le système colonial de la Hollande, dans les Indes occidentales, repose sur *la corvée* des indigènes qui, formés en corporations, travaillent à très-bon compte. L'Amérique centrale a récemment réalisé des progrès notables, au moyen de grands travaux hydrauliques, qui ont imposé des prestations permanentes en nature. Les Indiens n'ont ni capital, ni habileté, ni prévoyance suffisante pour entreprendre de pareils travaux et pour les entretenir; il a donc été fort utile que les propriétaires les prissent à leur charge, en se faisant payer au moyen de *prestations* de travail ayant une grande valeur, dans des contrées où deux jours de labeur par semaine suffisent pour l'entretien de la famille.

Le seigneur du moyen âge ne saurait se passer de corvées, car il n'existe point alors de *journaliers*, et il ne peut pas en exister, à moins que ce ne soient des esclaves. La *corvée* constitue donc une amélioration véritable, elle ne saurait être mise en parallèle avec l'esclavage, puisque les devoirs du corvéable sont *déterminés ;* aussi l'antiquité a-t-elle peu pratiqué ce genre de service. On en retrouve des traces en Egypte, où le bas peuple était serf non des individus, mais de la communauté, et chez les Romains, aux temps primitifs où la clientèle, et plus tard le colonat, constituaient une espèce de servage.

Comment serait-il possible, alors qu'il n'existe ni journaliers, ni argent destiné aux besoins de l'administration, de faire exécuter les travaux communaux autrement que par le concours successif des membres de la commune ? Il en est de même de la construction des routes; à moins de les négliger complétement, il faut qu'à cet échelon de la civilisation, l'Etat les fasse exécuter par les habitants. Les *corvées* imposées pour la construction des moyens de défense et pour la chasse profitaient à tout le monde, car elles contribuaient à garantir la contrée de l'attaque de l'ennemi, ou de la dévastation des animaux sauvages. Des pratiques analogues président à la construction de nouveaux *moulins* aux Etats-Unis, et un administrateur autrichien éclairé, M. de Heintl, a eu raison de baser son système de mise en culture des vastes terrains vagues de la Hongrie, sur des procédés qui rappellent ceux du moyen âge.

Les choses se passent tout autrement, au milieu d'une civilisation avancée. Le besoin de *tutelle* disparaît, et le sens des charges qui persistent se perd avec le sentiment des nécessités qui leur ont donné naissance. Ce qui fut un adoucissement du servage et de ses conséquences paraît aujourd'hui une restriction intolérable du droit de propriété.

Quant aux charges publiques, qui ne pèsent que sur une partie de la nation, elles sont devenues injustes, du moment où tout le monde a été également astreint au service militaire. L'*inégalité de l'impôt* a dès lors perdu sa raison d'être.

L'élément *économique* a subi une transformation tout aussi complète. Ce qui jadis était la forme de libération la plus facile, la plus commode, est devenu la charge la plus lourde. Plus la culture est devenue *intensive*, et moins le paysan a été en état de fournir deux et trois jours par semaine, le travail personnel et l'attelage pour acquitter la corvée, et cela souvent au moment le plus inopportun.

Le seigneur, la commune et l'État peuvent plus facilement se passer de *corvées*, alors qu'il se présente une masse de journaliers. Les *prestations* de travail servent alors beaucoup moins à celui qui en profite qu'elles ne pèsent sur celui qui les doit. Quand le temps sert seul de mesure, le meilleur travailleur encourt le plus grand dommage. Aussi, exécute-t-il son labeur avec une répugnance et une indolence croissantes. Il est certain que la valeur intrinsèque des *corvées* a diminué par la suppression du servage, du droit disciplinaire, etc.; de pareilles relations ne peuvent plus, Dieu merci, ni naître, ni se maintenir de nos jours, du moment où la corvée est devenue une véritable école de fainéantise. Quand le *valet de labour* est régulièrement instruit par le *ménager*, qui l'entretient, à tromper le seigneur, et à lui fournir le moins de travail possible, peut-il se préserver longtemps du désir d'en faire autant vis-à-vis du *ménager* [1] ? Quelle immense déperdition de forces productives, si l'on songe qu'il n'était pas rare de compter jusqu'à cent cinquante-six journées de corvée dans l'année !

Au moyen âge, on n'avait pas besoin de tourmenter beaucoup le sol pour fournir aux besoins d'une population clair-semée ; aujourd'hui, il faut y appliquer toutes ses forces.

On avait proposé de transformer les *corvées* en une sorte de *travail à la tâche*, mais la qualité de celui-ci et ses résultats ne sont guère appréciables qu'à la longue, en agriculture.

Quant aux *payements en nature*, depuis que l'économie *métallique* s'est développée, on préfère les recueillir en argent. Chez beaucoup de paysans, un déplorable usage s'est introduit : même les hommes les plus scrupuleux, d'ailleurs, ne se font pas faute de frauder sur la qualité des produits livrés à l'acquit de la *redevance*. La charge devient plus lourde pour l'*obligé*, car la valeur des denrées augmente ; si elle est *fixe*, le pauvre paysan ne peut plus compenser, par une vente à haut prix, l'insuffisance de la récolte, et depuis qu'il est affranchi de toute dépendance, il ne peut plus compter sur l'indulgence et la générosité patriarcale du seigneur. Quant aux *ayants droit*, la perception en nature les oblige à une surveillance et les expose à des infidélités fort préjudiciables.

Les redevances *aliquotes* deviennent surtout fort onéreuses aux degrés supérieurs de la civilisation. Dans toute culture *intensive*, le *produit net* forme une part de plus en plus réduite du *produit brut*. Schwertz cite un

---

[1] En Pologne, où ces relations subsistent en partie, nous avons vu ces résultats se produire quant au *parobek* (valet de labour) et au *gospodarz* (ménager).

(L. W.)

domaine en Belgique, où une production équivalente à 3,460 florins exige 2,504 florins de frais ; la *dîme* y absorberait le tiers du revenu. Elle agit donc comme une interdiction sur l'emploi de capitaux plus considérables et d'un travail plus intense, et en réduisant *le profit*, elle empêche le développement du *crédit agricole.* Souvent, quand le paysan néglige d'utiliser la *jachère*, pour éviter le payement de la dîme, il fait un calcul fort rationnel ; on a tort de l'accuser.

Bien d'autres causes encore militent pour la suppression des corvées, des dîmes et des autres *prestations* et *droits* du moyen âge.

Partout l'abolition ou le rachat des *prestations en nature* et des *redevances* a marché d'une manière parallèle au développement d'une culture plus *savante* et plus *compliquée*. Les peuples qui sont les premiers entrés dans les voies nouvelles de la civilisation ont aussi les premiers émancipé la *classe des paysans*. C'est ainsi qu'à partir de 1147, il fut interdit dans le Milanais de percevoir la dîme sur les terrains mis à nouveau en culture ; depuis le seizième siècle, tous les *census constitutivi* furent déclarés rachetables en Hollande. Dans les provinces prussiennes qui ont appartenu à l'ordre teutonique, et qui ont prospéré de très-bonne heure, nous voyons déjà, au quatorzième siècle, beaucoup de *corvées* transformées en *censives*, et la plupart des *dîmes* rédimées au moyen de *rentes foncières.*

Quelquefois on estimait la quotité des *redevances en nature* en une somme d'argent, en laissant à *l'obligé* le choix du mode de libération.

L'expression extrême de ces tendances a éclaté dans la *guerre des paysans*, dont la triste fin arrêta le progrès de l'affranchissement du sol ; mais au dix-huitième siècle, ces idées reprirent une force nouvelle. On sait ce que l'Autriche, la France, la Prusse, etc., ont fait dans ce sens.

Si, dans le temps, on s'en était strictement tenu aux exigences légales, la *réaction* eût été beaucoup moins vive à notre époque [1]. La célèbre nuit du 4 août 1789 n'a pas été uniquement la *Saint-Barthélemy des abus.* Beaucoup de droits légitimes ont été lésés.

Même quand il obtient une indemnité, le seigneur ne laisse pas que d'être atteint par la suppression des charges féodales, sans parler des pri-

---

[1] Les doctrines du moyen âge ont rencontré leurs défenseurs les plus déterminés dans Hallers (*Restauration der Staatswissenschaft*) ; Adam Müller (*Agronomische Briefe in Schlegels Deutschem Museum*, t. I et II. — *Die Gewerbepolizei in Beziehung auf den Landbau*, 1824) ; Schütz (*Schlegels Museum, passim*), et Aretin (*Die grundherrlichen Rechte in Baïern, eine Hauptstütze des öffentlichen Wohlstandes*, 1819). Tandis que Haller, inspiré du génie du moyen âge, envisage ces institutions comme celui qui étudie la vie de l'antiquité dans les ruines d'Herculanum et de Pompéi ; tandis qu'Aretin fournit au lecteur attentif des indications précieuses, les travaux de Müller et de Schütz sont peu profitables sous ce rapport. Il nous suffira, pour caractériser la manière de ce dernier, de dire qu'il considère la *culture triennale* comme une pieuse imitation de la très-sainte Trinité.

viléges sociaux et politiques, chers à la noblesse ; à la *perception en nature*, dont la valeur augmente, se substitue une perception en argent, dont la valeur diminue. Mais qu'on ne fasse ici rien prématurément ! la substitution d'une redevance en argent aux prestations en nature n'est avantageuse au cultivateur qu'autant qu'il peut mieux employer ailleurs son travail et son attelage. Qu'on se borne à donner au paysan le droit de se rédimer des corvées, et il saura choisir le moment le plus favorable.

La libération complète ne peut être utile que si elle se relie à une culture plus *intensive ;* la règle, c'est la libération au moyen d'une *rente*, qui invite le paysan à des épargnes annuelles. Il est juste de ne pas obliger le seigneur à recevoir des à-compte sur une libération future : *l'amortissement* ne peut être appliqué qu'au moyen d'institutions de crédit, qui servent d'intermédiaire.

Il ne devient possible que dans les pays très-avancés d'opérer la libération du paysan, par la distraction d'une partie de son héritage, au profit du seigneur. D'un côté, il faudrait admettre que les petits *domaines* des paysans ont trop d'étendue pour leur permettre de se tenir au niveau des progrès de la culture, et il faudrait supposer, d'autre part, l'aliénation facile des parcelles abandonnées au propriétaire domanial. Autrement, les constructions agricoles dépasseraient les besoins du paysan, et il se verrait enlever le moyen d'utiliser une partie de son travail. Le propriétaire domanial ne s'en trouverait pas mieux, car que lui servirait d'étendre ses possessions, s'il ne possède pas les ressources nécessaires pour accroître la somme de capital et de travail employée à la culture ?

Hermann a fait, à ce sujet, des observations pleines de justesse. Le principe qui veut que tout sol soit cultivé par celui qui en est le propriétaire absolu, sans aucune sujétion vis-à-vis d'un tiers, est tout simplement un non-sens; il conduirait au morcellement le plus excessif du sol, et arriverait à exclure du *ménage des champs* les hommes les plus habiles et les plus laborieux, quand ils ne posséderaient pas en propre un certain capital.

Le paysan obéré d'hypothèques est beaucoup plus à plaindre que celui qui paye une *rente foncière ;* il subit toutes les variations qui élèvent le taux habituel de l'intérêt, et il est exposé à des remboursements imprévus, qui l'obligent à mettre son bien en vente, le plus souvent au milieu des circonstances les plus défavorables, car lorsque le crédit se resserre, le prix de la terre diminue.

Rau a raison de présenter le vif désir du paysan, qui le pousse à vouloir affranchir son petit *domaine* de toute charge, comme un aiguillon très-précieux, que l'on doit utiliser quand il est ancré dans l'opinion ; mais il faut avant tout respecter la justice, en ne favorisant aucun des intéressés aux dépens de l'autre [1].

---

[1] M. Roscher prend la défense du *bail perpétuel*, tel qu'il a été pratiqué en.

La généralité des principes que nous venons d'exposer se manifeste clairement, quand on reconnaît que dans l'antiquité, les redevances en nature, les dîmes, etc. , sont devenues intolérables, à l'époque d'une civilisation plus avancée, et ont dû être supprimées. Vers la fin de la République romaine, l'impôt des provinces consistait, en majeure partie, dans le dixième du blé et le cinquième du vin et des fruits récoltés : ce produit portait le nom de *vectigal incertum* [1]. Les revenus immenses des proconsuls étaient également perçus en nature. Au contraire, l'Espagne et les environs de Carthage, c'est-à-dire les deux contrées les mieux cultivées de l'époque, payaient déjà, au temps de Cicéron, une rente en argent nommée *vectigal certum*. Ce principe fut successivement étendu aux autres provinces : César l'appliqua à l'Asie [2]. Les grands travaux du cadastre, poursuivis sous Auguste dans les Gaules et en Palestine [3], les entreprises géodésiques d'Agrippa [4], s'y relient incontestablement. Au lieu d'une rente en argent, on imposa à des pays, exceptionnellement fertiles, comme l'Égypte, une redevance fixe en blé [5]. Les provinces bénirent le moment où leurs gouverneurs reçurent un traitement fixe [6].

Les *redevances* et les *prestations* en nature se renouvellent, aussi bien que les autres institutions du moyen âge, chez les peuples en décadence. Là, notamment, où règne la *culture naine*, le prolétariat rural s'acquitte plus facilement en produits qu'en argent, et il préfère surtout fournir du travail, forme de libération qui continue le plus longtemps d'avoir la prédilection du petit paysan.

Ceci se voit le plus clairement en Chine. Sauf l'impôt sur le sel et le droit de douane, toutes les contributions s'y payent en nature, et les fonctionnaires touchent aussi en nature presque tous leurs traitements. Barrow trace le plus horrible tableau des *prestations* exigées pour le compte de l'État [7]. L'ambassade anglaise de lord Makartney fut convoyée au moyen de *corvées*. Des hommes qui depuis longtemps n'avaient plus tenu la rame, et qui vivaient dans une honnête aisance, furent, malgré leurs supplications, requis de faire le service. Une barque s'engrava ; pour la remettre à flot, tout l'équipage dut passer la nuit dans une eau glacée, et, au matin, le mandarin pour toute récompense lui fit donner la bastonnade.

Alsace, contre les interdictions qui l'ont atteint dans le Wurtemberg et en Suisse.

(L. W.)

[1] Cicero., *Verr.*, III, 6.
[2] Appian., *B. C.*, V, v, 4.
[3] Dio Cassius, LIII, 22 ; *Évang. Luc.*, 2.
[4] Plin., *H. N.*, III, 3.
[5] Tacit., *Annal.*, VI, 13 ; XII, 43. Burmann, *de Vectigalibus*, p. 27.
[6] Dio Cassius, LIII, 16 ; Suéton., *August.*, p. 36.
[7] Barrow, *Travels in China.*

Quelque temps auparavant, le bagage de l'ambassade hollandaise avait été transporté par des paysans ; il en était mort de fatigue huit, dans l'espace de deux nuits.

L'état de guerre, qui n'est pas autre chose que la rénovation sur une grande échelle des luttes privées du moyen âge, ramène aussi le système des *prestations* et des *redevances*, par exemple, les *fournitures* de guerre, les *réquisisions* de moyens de transport ou de travail pour des tranchées, etc.

Nous croyons avoir suffisamment fait ressortir l'idée dominante du travail de M. Roscher, tout en condensant l'expression de sa pensée, nous avons fidèlement reproduit les développements essentiels ; mais l'étendue considérable de cet *Essai* nous a obligé, à notre grand regret, de laisser de côté beaucoup de faits curieux et importants, puisés dans l'histoire et dans l'état présent des divers pays du monde, et groupés par M. Roscher, à l'appui de ses investigations.

Bien que cette *étude* porte en grande partie sur des *relations sociales,* qui n'existent plus en France, elle ne nous paraît pas moins conserver un grand intérêt, et pour juger de la situation d'autres *Etats,* où ces relations se maintiennent, et pour expliquer l'*influence* qu'exercent sur les lois de la famille et de la cité les perfectionnements de l'agriculture. A mesure que la production du sol s'améliore et se développe, les restrictions du droit de propriété individuelle s'effacent de plus en plus. Du moment où le travail agricole exige des efforts plus soutenus et plus intelligents, les charges féodales, la mainmorte, le droit domanial, les corvées, les retraits, les biens des couvents, les entraves mises à la libre disposition du sol, doivent disparaître. Telle est la conclusion à laquelle conduisent les recherches de M. Roscher.   L. WOLOWSKI.

FIN.